KB079292

연봉 1억 헤드헌터

그들은 어떻게 일하는가?

연봉 1억 헤드헌터
그들은 어떻게 일하는가?

ⓒ 이덕진, 2019

초판 1쇄 발행 2019년 5월 29일
    2쇄 발행 2022년 9월 2일

지은이	이덕진
펴낸이	이기봉
편집	좋은땅 편집팀
펴낸곳	도서출판 좋은땅
주소	서울특별시 마포구 양화로12길 26 지월드빌딩 (서교동 395-7)
전화	02)374-8616~7
팩스	02)374-8614
이메일	gworldbook@naver.com
홈페이지	www.g-world.co.kr

ISBN 979-11-6435-354-5 (03190)

이 도서의 국립중앙도서관 출판예정도서목록(CIP)은 서지정보유통지원시스템 홈페이지(http://seoji.nl.go.kr)와 국가자료공동목록시스템
(http://www.nl.go.kr/kolisnet)에서 이용하실 수 있습니다. (CIP제어번호 : CIP2019019330)

연봉 1억 헤드헌터

그들은 어떻게 일하는가?

이덕진 지음

좋은땅

서론

헤드헌터.

이제는 더 이상 낯선 단어가 아닌 시대가 되었습니다. 그러나 아직도 헤드헌터라는 직업에 대해서 그 실체를 정확히 알고 계신 분들이 많이 없는 것 또한 사실입니다.

그동안 시중에 여러 권의 헤드헌터 관련 서적들이 나와 있습니다만 안타깝게도 그 책의 저자 분들 중에서 상당 수의 저자들이 지금 현재는 헤드헌터를 계속하고 있지 않다는 것 또한 아이러니한 상황이 아닐 수 없습니다.

현재 국내에 약 만여 명의 헤드헌터가 있고 그중에는 일 년도 채 안된 헤드헌터부터 10년 이상 헤드헌터를 직업으로 삼고 성실하게 살아오신 분도 있습니다.

이런 현실 속에서 헤드헌터라는 업의 본질에 대해 제한된 일부분만을 바라보고 또는 편향된 시각에서의 정보만을 근거로 헤드헌터를 하겠다고 뛰어드는 분들이나 반대로 그 일부만의 정보를 가지고 헤드헌터 전체를 판단하는 분들을 수 없이 바라보면서, 비록 저 또한 헤드헌터에 대해서 누구에게 가르칠 수준에는 아직은 많이 부족합니다만 그래도 현직 헤드헌터로서 억대 매출 이상을 꾸준히 올려 왔었고 현재는 헤드헌터 100여 명 규모의 서치펌을 운영하고 있는 현직 헤드헌터이자 서치펌 대표의 입장에서, 조금은 더 현실적이고 심도 있는 이야기를 드릴 수 있을 것이라는 생각에 이 책을 출판하게 되었습니다.

이 책은 지금까지 출간된 기존의 헤드헌터 관련 서적에서 보여지는 이 일을 처음 하시려는 분들에게 친절하고 상냥하게 설명을 드리는 '헤드헌터 소개서'도, 헤드헌터 몇 년 해 보고 후보자 몇 명 합격시켜 본 경험으로 헤드헌터를 다 이해했다고 쓰는 '헤드헌터 감상문'도 아닙니다. 또한 과거의 화려했던 헤드헌터 시절을 회상하는 것도, 제 자랑을 위한 자서전도 아니며, 여러분들에게 헤드헌터를 해 보라고 말씀 드리지도 않습니다.

매년 헤드헌터 업계에 뛰어들어 일 년도 못 되어 중간에 포기하는 70% 이상의 수천 명에 대해서 먼저 이야기하고, 헤드헌터 전체의 50% 이상이 최저임금만큼도 벌어 가지 못하는 실상을 먼저 알려 드리고, 전체 헤드헌터의 30% 남짓한 숫자만이 월급쟁이만큼 벌어 가는 현실을 설명 드립니다. 그리고 그 치열한 경쟁 속에서 상위 3%의 헤드헌터들은 어떻게 매년 억대 매출을 올리면서 오랫동안 헤드헌터를 직업으로 삼아 살아가는지 이야기하고자 합니다.

목차

제2부

실전편

제1부

입문편

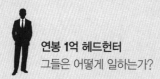

연봉 1억 헤드헌터
그들은 어떻게 일하는가?

제1장

헤드헌터란
무엇인가

1-1.
공급과잉의 시대

헤드헌터라는 직업을 소개하기에 앞서 지금 우리가 살고 있는 시대에 대해 먼저 살펴보고자 합니다.

한반도의 역사 이래 지금의 세대가 부모 세대보다 더 잘 살 수 있을 것이라는 희망을 갖지 못하게 된 첫 번째 세대라는 요즘, 그만큼 취업이 어려운 시대가 되었고 동시에 예전에 비해서 직장이나 직업을 옮기는 것이 보다 자연스럽고 자유로운 환경이 된 것도 지금의 시대입니다. 그러나 무엇보다 21세기가 시작된 지 20여 년이 지난 지금의 시대는 '공급과잉'의 시대라고 정의할 수 있을 것입니다.

제가 사회에 나오던 30여 년 전까지 되돌아가지 않더라도 불과 얼마 전까지만 해도 의사나 변호사는 나름 선망의 대상인 직업군이었고, 그

연봉 1억 헤드헌터
그들은 어떻게 일하는가?

조금 이전 시대에는 돈 많은 아버지 만나서 주유소 하나만 열어 주면 평생 먹고 살 수 있다고 이야기하던 시절도 있었고, 그보다 조금 더 이전에는 퇴직금 받아서 식당 열고 본인은 카운터에 앉아서 돈만 받으면서도 대충 먹고살 수 있었던 시절도 있었습니다.

물론 아직도 강남의 많은 초등, 중학생 어머니들이 자식들을 의대에 보내려고 특목고 준비반에 넣으려는 경쟁을 하고 있는 것도 사실이고 작년 전국 석차 순위는 일단 대한민국의 의대 정원을 다 채우고 나서 일반 학과로 옮겨 가는 것이 현실이라는 것을 부정할 수는 없지만, 헤드헌터를 직업으로 삼고 있는 제가 판단하기에는 '진심으로 염려되는 현상'이기도 합니다.

헤드헌터와 관련된 글에서 난데없이 의대와 의사의 미래 전망을 한다는 것이 이상하게 들릴지는 모르겠지만, 헤드헌터를 하면서 접하게 되는 의사나 변호사의 구인요청에 동반되는 연봉이나 처우 수준이 매년 낮아지는 현실 속에 살고 있는 현직 헤드헌터가 바라보는 입장에서는 지금 의대 1학년에 입학하는 학생들이 예과, 본과, 인턴, 레지던트 과정을 다 거치고 남자의 경우는 군의관까지 마치고 지금의 의대 신입생이 개업을 할 수 있는 십수 년 이후인 2030년대 중반에도 과연 의사가 좋은 직업으로 남아 있을지 여부에 대해서는 강한 의문을 갖고 있습니다.

현재 대한민국에 등록된 의사의 숫자는 약 100,000여 명입니다. 이는 치과의사 25,000여 명, 한의사 20,000여 명을 제외한 숫자이고, 현재 대한민국의 수십 곳의 의대에서 청춘을 불사르면서 열심히 의사가 되기 위해 공부하는 의대생 숫자(의대정원)는 연평균 3,000여 명 정도인데, 이들이 사회로 나오는 15년 후의 대한민국 의사 숫자는 지금의 약 1.5배인 150,000명 가까이 된다는 의미입니다.

지금도 이미 동네 병원들의 어려움이 이야기되는 상황인데, 현재의 대한민국 출산율이라면 2030년대에 대한민국 인구 숫자가 지금보다 늘어나기는 어려울 것입니다. 더 무서운 현실은 의사의 수입에 절대적인 부분을 차지하는 의료보험을 낼 수 있는 경제활동을 하는 인구의 숫자는 지금보다도 더 줄어들 것이라는 점입니다. 그런데 그보다 10년 뒤늦게 2040년대 이후에 의사가 될 지금의 초등학교 학생들을 의대를 목표로 비싼 돈을 들여 과외를 시키는 강남의 부모님들을 어떻게 이해해야 하는지도 잘 모르겠습니다.

잠시 이야기가 옆길로 어긋났습니다. 그러나 의사 이야기를 드린 보다 중요한 이유는 이제 대한민국 사회는 '저성장과 동시에 모든 직업이 공급과잉의 시대'로 옮겨 가고 있다는 말씀을 드리고자 하기 때문입니다.

최근에 사회 이슈가 되고 있는 최저임금 상승 속도로 인한 자영업자, 소상공인들의 어려움을 많이 이야기합니다. 그런데 아무리 다른 이유나 다른 말로 포장을 한다고 해도 결국은 자영업자, 소상공인의 어려움은 그 근본 원인이 알바생의 최저임금이 아니라 너무 많은 숫자의 편의점과 커피전문점 프랜차이즈 업소라는 사실은 우리 모두가 알고 있는 사실일 것입니다.

더 이상 주유소 사장으로 평생 먹고사는 것이 불가능해진 '공급과잉'의 시대 이제는 의사도 변호사도 경쟁하여야 살아남는 시대에 그보다 진입 장벽이 낮은 편의점, 커피전문점, 프랜차이즈 점포의 점주들은 더 심하게 경쟁을 하여야 하는 것이 안타깝지만 어쩌면 당연한 현실일 수도 있습니다.

하물며 편의점이나 프랜차이즈 점포를 운영하려면 최소한의 투자금이 필요합니다. 진입 장벽이 낮은 업종이라고 해도 최소한 몇천만 원, 몇억 원의 투자위험을 짊어지고 시작하여야 함에도 의사나 변호사에 비해서는 상대적으로 '진입 장벽'이 낮은 일이기 때문에 의사나 변호사보다 더 심한 경쟁 속에서 살아 남기 위해 고생할 수밖에 없는 시대를 살고 있는 것입니다.

헤드헌터 또한 진입 장벽이 없는 직종입니다. 아무나 다 할 수 있는 직업입니다. 현재 제가 운영중인 서치펌에는 좋은 대학을 나와서 대기업에서 30년 근무하다 헤드헌터를 시작하신 50대도 계시고 대학 졸업 후 바로 헤드헌터를 시작한 20대 후반의 헤드헌터도 함께 근무하는 곳입니다. 그리고 경력이나 나이는 아무 상관없이, 오직 본인의 능력과 노력만으로 수입이 결정되는 곳이기도 합니다.

그리고 가장 중요한 사실은, 의사나 변호사도 경쟁하는 공급과잉의 시대에 편의점이나 프랜차이즈 점포보다도 더 진입 장벽이 낮은 헤드헌터 업계에서 이미 이 직업을 시작한 만여 명의 기존 헤드헌터들이 자리 잡고 있는 시장에서 아무런 진입 장벽도 없이 아무런 투자 리스크도 지지 않고 들어오는 신입 헤드헌터들에게 적당히 일해도 먹고살게 만들어 주지 않습니다.

누구나 할 수 있고, 진입 장벽이 낮은 만큼 그 안에서의 경쟁은 더 치열한 직업이 헤드헌터입니다. 그렇기 때문에 아무나 다 잘할 수 있는 것이 아닌 것이 헤드헌터이기도 합니다. 그리고, 그 속에서 상위 3%인 매년 억대 매출을 올리는 헤드헌터들 그들의 이야기를 들려 드리고자 합니다.

1-2.
헤드헌터 업의 본질

헤드헌터라는 직업의 미래(전망)에 대한 생각을 하기 위해서는 먼저 한국의 현재 상황에서 헤드헌터의 '업의 본질'에 대한 분석이 우선이 아닐까 합니다.

헤드헌터를 하시는 분 중에서는 부끄럽게 생각하시는 분도 계실지도 모르고 인정하고 싶지 않은 분도 계실지는 모르겠지만, 제가 생각하는 헤드헌터라는 직업의 본질은 '노가다'[1]입니다. 그러나 헤드헌터가 career consultant라는 언어 인플레이션으로 포장되는 시대에 직업인으로서 헤드헌터를 정의한다면 헤드헌터의 수입은 결국 성실히 일한 시간에 비

---

1 노가다: 1. 행동과 성질이 거칠고 불량한 사람을 속되게 이르는 말 2. '막일꾼(막일을 하는 것을 직업으로 하는 사람)'의 잘못. 일본어 dokata[土方]에서 유래

례하는 만큼, 비록 일본어의 잔재이기는 합니다만 제가 '노가다'라는 단어를 쓰는 이유입니다.

제가 제 글에서 수차례 이야기할 내용이지만 헤드헌터라는 이 직업은 철저하게 '근로시간'에 비례하는 노가다입니다. 다만, 육체노동이 아닌 컴퓨터와 전화, 이메일 등으로 이루어지는 노동일 뿐 기본적으로는 특별한 기술이나, 자격증 등이 필요한 전문직이라기보다는 누가 많이 이력서를 찾아보고 고객사에 연락하고, 전화와 이메일을 통해 후보자의 이력서를 많이 받아내는가의 여부로 그 수입이 결정되는 "헤드헌터라는 '업의 본질'은 근로시간에 비례하는 노가다"라는 것이 제 의견입니다.

제 경우나, 제 주위의 대부분의 헤드헌터 분들은 portal에 올라온 수십만 장의 이력서를 누가 얼마나 빠르게, 정확하게 searching하고 후보자를 잘 설득하여 이력서를 받는가의 여부로 대부분의 수입이 결정 납니다. 물론 고객사에 대한 영업, 관리도 그만큼 중요한 일이지만 이 또한 얼마나 자주 고객사와 연락하고 portal에 올라오는 고객사 구인정보 등을 열심히 검토하고 고객사에 자주 방문하면서 현업부서에서 필요로 하는 인재의 조건에 대해서 공부하고 정확한 JD를 받아 오는 여부로 오더의 '양과 질'이 결정되는 것이기 때문입니다.

예전에 한 식음료, 프랜차이즈 중견회사의 인사팀장을 만난 적이 있습니다. 그 고객사의 인사팀장의 질문 중에, "당신네 서치펌은 식음료 쪽의 인재 데이터베이스가 많은가? 다른 서치펌에 비해 식음료, 프랜차이즈 고객사에 대한 경쟁력이 우수한 점이 무엇인가?"라는 질문을 받은 적이 있습니다.

제가 대답한 내용 또한 위와 비슷합니다. "헤드헌터는 귀사의 인사팀 직원이 할 수 있는 일을 전문적으로 대행하는 외주업체입니다." 식음료 인재 데이터베이스. 그런 것은 없습니다. 대한민국에 그런 것은 존재하지도 않습니다. 억지로 있다고 이야기한다면 한 헤드헌터가 비슷한 업종의 회사와 거래를 많이 하는 과정에서 접촉했던 후보자들의 이력서가 몇십 장, 몇백 장이 있을 수는 있겠지만, 그 후보자들이 오늘 현재 이직 의사가 있는지 이미 취업이 되었는지 여부도 모르는 일이고 일일이 한 사람 한 사람 확인하는 시간이면 차라리 새롭게 portal에 올라온 후보자들을 searching하는 것이나 시간과 노력은 비슷합니다.

즉, 청소나 경비를 외주 처리하는 것이나 최근에는 구매도 외주 처리하는 세상이 되고 있는 것처럼 인사의 예전 개념에서 채용 특히 '경력직 채용'은 점진적으로 외주(서치펌) 처리되는 과정이라 이해하시면 됩니다. 좋은 서치펌이라는 의미는 얼마나 많은 숫자의 헤드헌터가 해당 고객사의 오더에 대해 얼마나 열심히 많은 시간을 투자하여 좋은 후보자를 많이 추천하는가 여부로 결정(판단)하는 것이지 헤드헌터가 많은 서치 펌이라고 해서, 한 명이 근무하는 소규모 서치펌이라고 해서 하나의 오더에 대해 달라지는 것은 그리 크지 않습니다.

물론 이 거래선은 지금도 제 고객사입니다. 한때는 많은 서치펌을 거래했었지만 지금은 거의 독점으로 오더를 받고 있습니다.

제가 잘났다거나, 영업을 하는 노하우를 이야기하려는 것이 아닙니다. 헤드헌터라는 업의 본질에 대한 이야기를 드리고자 하는 것입니다.

헤드헌터와 택시기사도 근본은 크게 다르지 않습니다.

택시기사의 경우도 하루에 200km를 운행하는 기사도 있고, 하루에 400km를 운행하는 기사도 있습니다. 물론 수입도 그에 따라 차이가 날 것입니다.

어떤 기사는 호텔이나 버스터미널 앞에서 길게 늘어서서 손님을 기다리기도 하고, 어떤 기사는 하루 종일 여기저기 다니면서 손님을 태우기도 합니다.

어떤 헤드헌터는 하루 종일 컴퓨터 앞에 앉아서 하루 종일 후보자 찾고, 메일 쓰고, 전화합니다. 어떤 헤드헌터는 10시에 출근하고 웹툰 보고, 어제 놓친 TV를 보면서 이어폰 꽂고 있고, 인터넷 신문을 보다가 5시에 퇴근합니다.

헤드헌터의 본질은 육체노동이 아닌 PC, e-mail, 전화 등을 사용하는 노동일 뿐 결국 근로시간에 비례하는 노동자라는 것이 제 의견인 것입니다.

결론적으로,
노가다 직업은 결코 없어지지 않습니다.

**연봉 1억 헤드헌터
그들은 어떻게 일하는가?**

누군가는 해야 하는 일이기 때문입니다.

그러나 진입 장벽이 없기 때문에 경쟁은 점점 치열해질 것입니다.

그러나 건설현장 노가다가 점차 외국인 노동자로 채워지는 것에 반해서 헤드헌터는 외국인이 하기 어려운 직업이기에, 헤드헌터라는 직업의 미래는 밝은 편이라고 생각합니다.

초창기 헤드헌터는 노가다가 아니었음에도 왜 지금은 노가다라고 하는지 그 이유는 「1-5. 헤드헌터의 미래」에서, 그리고 헤드헌터의 미래에 대해 염려하는 '인하우스 헤드헌터' 'Big Data나 AI(인공지능)' 등에 대한 이야기는 「제5장 구인 회사, 오더 그리고 후보자」 편에서 보다 자세히 설명을 드리겠습니다.

1-3.
헤드헌터의 수입

헤드헌터라는 직업을 시작하려고 고민하는 분들 또는 헤드헌터라는 직업을 처음 접해 보시는 분들이 가장 많이 궁금해하는 것이 헤드헌터의 수입일 것입니다.

그런데, 이 헤드헌터라는 직업은 기본적으로 프리랜서입니다. 아시다시피 프리랜서의 경우는 일반적인 기업의 월급쟁이와 달리 평균(시장 가격, 연봉 수준)이라는 것이 없습니다. 보험외판원이나 자동차세일즈맨처럼 프리랜서디자이너나 프로그래머처럼 혹은 대리운전기사나 건설현장 목공이나 미장공처럼 헤드헌터 역시 평균 연봉이나, 평균 수입이라는 정의를 내리는 것은 현실적으로 불가능합니다. 게다가 위에 말한 다른 프리랜서 직종들보다 더 큰 수입의 차이(폭)가 있는 직업입니다. 한마디로 천차만별입니다. 일 년에 1,000만 원도 못 벌어 가는 사람도 있고 3억을 버는 사람도 있습니다.

아래 숫자에 대해서 일부 약간의 이견은 있을 수 있겠지만 순 수입 기준으로 연봉 1억 이상 가져가시는 분들의 경우 전체 헤드헌터 대비 3%에서 최대 5% 정도로 봅니다.

현재 portal site에 올라와 있는 헤드헌터 숫자만 약 10,000명이고, 이 중에서 여러 서치펌에 중복되어 등록된 분들 숫자와 등록하지 않은 헤드헌터 숫자를 감안하면 실제로 현재 국내에서 헤드헌터라는 명함을 가지고 계신 분들의 숫자는 대충 10,000명은 넘을 것으로 봅니다.

앞 장에서 설명 드렸던 것처럼 이 숫자 중에는 매년 3, 4천 명 정도는 새롭게 헤드헌터업계에 들어오고 결국 그 숫자만큼 다시 중도에 포기하고 빠져나갑니다. 바꾸어 말하면 새로 시작하시는 분들 중에서 대략 70% 정도는 중도에 포기합니다. 이 숫자는 대단히 중요한 내용입니다. "새로 헤드헌터를 시작하는 한 사람이 일 년 뒤에도 이 직업을 유지하고 있을 산술적 확률은 30% 미만이라는 의미입니다." 그리고 새롭게 시작하시려는 분들은 먼저 생존하는 일 년의 고비를 넘기는 것도 중요합니다.

그러면 실제로 헤드헌터라고 할 수 있는 숫자는 아마도 7,000~8,000명 정도일 것입니다. 그런데 이 중에서 일 년에 자기 주머니에 5,000만 원 정도를 가져가는 헤드헌터의 숫자—이는 일반적인 서치펌의 수수료 몫 30% 공제하고 나면 매출액 기준으로 연간 7,000만 원 이상의 매출을 올리는 헤드헌터를 의미합니다-, 아마도 적게 보면 1,000여 명에서 최대로 예상한다 하더라도 2,000명을 넘지는 않을 것입니다.

여기서 중요한 것은 5,000만 원 이상의 수입을 가져가는 사람의 숫자가 1,000명인가 2,000명인가의 여부가 아니라, 일 년에 5,000만 원도 못 벌어 가는 헤드헌터의 숫자, 더 자세히 살펴본다면 일 년에 최저임금 수준도 못 벌어 가면서 헤드헌터라는 명함을 들고 다니는 사람의 숫자가 5,000명이 넘는다는 의미입니다.

물론 일 년에 1억 이상을 벌어 가는 분들도 수백 명이 됩니다. 제 개인적으로는 최대 3% 정도로 예상하고, 어떤 분은 1% 정도로 예상하시는 분도 있습니다만 대략 3%~5% 수준인 300명~500명 수준일 것으로 추정합니다.

여기서도 중요한 것은 몇 백 명인가 하는 숫자가 아니라, 헤드헌터로서 연간 1억 이상을 버는 사람은 불과 3% 정도라는 의미입니다. 헤드헌터를 시작하려는 분이라면, 뒤늦게 이제 헤드헌터를 시작하면서 기존에 자리를 잡고 있는 헤드헌터분들과 경쟁을 해서 과연 상위 3% 안에 들 수 있는 자신이 있는지 먼저 생각해 보시라는 의미입니다.

1억을 번다는 결과나 숫자에만 현혹되지 말고 그 비율 3%, 나는 과연 그 3% 안에 드는 헤드헌터만큼 성실할 수 있는지 스스로 심각하고 냉정하게 고민을 해 보신 다음에 이 길에 들어설지 결정하시는 것이 중요하다는 말씀을 드리는 것입니다.

다시 주제를 바꿔서 연 수입 5,000만 원으로 돌아오겠습니다. 이 숫자도 헤드헌터 전체로 보면 상위 5%에서 최대 10%의 수준입니다. 제가 연 수입 5,000만 원을 기준으로 하는 이유는 월급쟁이[2]를 기준할 때 약 연봉 7,000만 원 정도의 월급쟁이 수입과 실 수입이 비슷하기 때문입니다.

최근에는 헤드헌터를 시작하는 나이가 점점 더 빨라지고 있는 추세이기는 하지만 평균적으로 헤드헌터를 처음 고민하는 나이가 40대 중반입니다. 이 나이에 꾸준히 직장 생활을 해 오신 분의 경우라면 대충 연봉 6,000~7,000만 원 정도를 받는 시기이기에 헤드헌터가 월급쟁이보다 나은가 아닌가 하는 비교 측면에서 연봉 기준을 7,000만 원 수준으로 비교 기준을 잡았습니다.

먼저, 헤드헌터의 실 수입을 알려면 월급쟁이와의 급여체계와 다른 점을 알아야 합니다.

---

2 월급쟁이: 이 표현에 대해 일부 '비하적인 표현'이라는 의견도 있습니다만, 이미 많은 책이나 생활속에서 보편적으로 사용하는 단어이고, 제가 이 책에서 주장하는 '언어 인플레인션'을 하지 말자는 취지에도 맞지 않고, 일본에서 만들어진 국적불명의 '샐러리맨'이라는 표현이나, '급여생활자' '직장인' 같은 표현도 최근 전문직 월급쟁이를 신조어로 부르는 '펌변(로펌소속 변호사)'이나 '페닥(페이닥터)' 같은 것처럼 작위적인 표현까지 사용하는 것은 적합하지 않다고 판단하여 월급쟁이라는 표현을 그대로 사용함을 말씀드립니다.

헤드헌터 수입의 구조

서치펌마다 소속 헤드헌터와 수수료를 배분하는 기준이 다 다릅니다. 다만 여기서는 가장 보편적인 경우에 대해서만 예를 들어 설명하겠습니다. 이보다 더 많은 비율을 회사에서 떼는 경우도 있고, 더 낮은 비율을 회사에서 떼는 경우도 있습니다. 단순히 수수료율의 배분만으로 옳고 그름을 이야기할 수 있는 상황은 아닙니다. 더 중요한 것은 본인이 어떤 환경을 제공하는 서치펌에서 더 많은 수입을 올릴 수 있는지 여부입니다.

이와 관련된 내용은 다음 장에서 서치펌의 종류와 이동에 대해서 별도로 설명을 드리겠습니다.

구인 회사에서 서치펌에 한 명의 후보자를 의뢰하고 그 position에 서치펌에서 후보자를 다수 추천하여 그중에서 최종적으로 한 명의 후보자가 합격을 하고 출근을 하면 구인 회사와 사전에 협의된 수수료율에 따라 서치펌에서 세금계산서를 발행하고 헤드헌팅 수수료를 수령하는 과정을 진행합니다.

현재 업계의 평균적인 헤드헌터 수수료는 후보자 연봉의 15%~25% 임원급, 외국인, 고급기술자 등의 경우는 20%~30% 수준입니다. 이는 연봉 6,000만 원인 후보자를 추천하고 20%의 수수료율로 계약이 되었다면 헤드헌팅 수수료는 6,000만 원×20%=1,200만 원이 됩니다.

그러면 이 금액에서 대부분의 서치펌의 경우 30%를 회사 몫으로 공제하고 나머지 70%에 대해서 구인 오더를 받은 헤드헌터와 후보자를 찾은 헤드헌터가 동일한 사람이면 70% 전액을, 구인 오더를 받은 헤드헌터와 후보자를 찾은 헤드헌터가 서로 다른 사람이면 두 헤드헌터에게 각각 35%씩 나누어주는 것이 대부분의 업계 관행입니다.

즉, 연봉 6,000만 원 수준의 경력직 후보자 한 명을 합격시키면 구인회사로부터 헤드헌팅 수수료 1,200만 원을 받아 30%인 360만 원은 서치펌이 떼어 회사의 운영비로 사용하고 나머지 70%는 구인 오더를 받아 고객사와 대응하는, 대부분 PM이라 칭하는 헤드헌터가 35%인 420만 원을 그리고 대부분 co-worker 또는 researcher라고 칭하는 해당 후보자를 찾은 헤드헌터가 나머지 35%인 420만 원을 수령하는 구조입니다. 그리고 헤드헌터는 프리랜서 개인사업자이므로 원천징수 3.3%를 공제하고 실수령액은 4,061,400원이 됩니다.

서치펌마다 부르는 명칭이 100% 통일된 것은 아니지만 보편적으로 사용하는 명칭으로 각 헤드헌터 PM과 co-worker의 기여매출은 각각 600만 원이 되고, 실수령액은 406만 원이 되며, 각 180만 원은 소속된 서치펌의 회사 운영경비로 떼고, 138,600원은 세금으로 내는 것으로 계산하시면 됩니다.

헤드헌터 수입과 일반 급여생활자 수입의 비교

일반 급여생활자를 기준할 경우 4대 보험, 갑근세를 포함하면 연봉 7,000만 원 기준일 때 부양 가족의 숫자 및 절세 방법에 따라서 조금 차이는 있지만 실제 본인의 수입은 약 5,500만 원 정도 됩니다. 반면에 헤드헌터의 경우는 5,000만 원 정도 수입이라고 하면 3.3%의 원천징수를 빼고 실 수입이 4,835만 원정도입니다.

반면 월급쟁이 7,000만 원 연봉을 받으려면 아무래도 회사생활을 하면서 헤드헌터로 생활하시는 것에 비해 최소한 월 50~100만 원 이상은 더 지출이 필요합니다. 즉, 같은 조건에서 헤드헌터 연봉 5,000만 원은 월급쟁이 대비 실수령액의 입장에서 본다면 대충 2,000만 원 정도 더 버는 것으로 볼 수 있을 것입니다. 바꾸어 말하면 헤드헌터의 실제 수입 5,000만 원만 되면 월급쟁이 연봉 7,000만 원 수준의 수입은 된다고 보셔도 큰 무리는 없을 것으로 생각합니다.

그런데 여기서 이야기하는 헤드헌터로서 내가 가져가는 수입이 5,000만 원이 되려면, 앞에서 설명드린 것처럼 30% 서치펌의 몫을 떼고 나면 헤드헌터 본인의 매출 기준으로 약 7,000만 원 정도입니다. 평균 15% 수수료율 기준 취업 성공 후보자(success)의 연봉 기준으로는 약 4억 7,000만 원쯤 되는 금액입니다. 이를 바꾸어 계산하면 매달 연봉 4,000만 원 수준의 후보자 한 명씩 본인 혼자서 독점으로 합격자를 내거나 혹은 연봉 4,000만 원 수준의 후보자 2명을 매달 co-work으로 합격자를

연봉 1억 헤드헌터
그들은 어떻게 일하는가?

내는 경우에 가능한 숫자입니다.

　일 년에 최하 10명 이상, 20명 수준입니다. 헤드헌터를 일 년만 해 보신 분들은 아실 겁니다. 매달 독점 한 명 또는 co-work으로 매달 두 명씩 success를 낸다는 것이 무엇을 의미하는지. 절대 쉬운 일이 아닙니다. 그런데 이만큼 해야만 연봉 7,000만 원 수준의 월급쟁이와 비슷한 돈을 벌어 갑니다.

　결론입니다.

　위에 설명을 드린 연봉 7,000만 원 수준의 월급쟁이와 비슷한 수준의 수입을 올리는 헤드헌터는 분명히 존재하고, 불가능한 것도 아니고, 1,000명 또는 2,000명 이상의 헤드헌터들이 그 이상의 수입을 벌어 가고 있습니다. 그런데 더 중요한 사실은 10,000여 명의 헤드헌터 중에 그보다 훨씬 많은 80~90%의 헤드헌터들이 그만큼을 벌지 못합니다. 심지어 50% 이상의 헤드헌터들이 최저임금(2019년 기준 20,941,800원) 이하의 수입을 가져가는 것이 현실입니다.

　새롭게 헤드헌터를 시작하시고자 고민하시는 분들로부터 가장 많이 듣게 되는 질문이, 처음 3개월, 처음 6개월 또는 처음 일 년 동안의 평균 수입이 얼마 정도 되는지입니다.

　앞에 설명 드린 것처럼 아무런 의미도, 어떤 대답도 드릴 수 없는 질문입니다. 일 년 만에 1억을 벌어 가는 사람도 있고, 5년이 지나도 매년 2천만 원도 못 벌어 가는 사람도 많은 곳이 헤드헌터들의 수입입니다.

헤드헌터 평균연봉이 궁금하시다면, 먼저 새로운 업계에 뛰어들어 상위 20% 안에 들 자신과 각오를 가지고 있는지를 먼저 생각해 보시기 바랍니다. 상위 20%라는 의미는 20명의 헤드헌터가 써치펌에서 4등 안에 드는 것을 의미합니다.

그 정도만 월급쟁이 시절만큼 벌어 갑니다.
의욕만 가지고 뛰어 든다고 모두가 돈을 벌 수 있는 직업은 아닙니다.

1-4.
오해와 진실

요즘은 헤드헌터라는 직업에 대해서 많이 알려진 편이기에 많이 줄었습니다만, 예전에는 헤드헌터라고 전화를 하면 종종 '텔레마케터'나 심한 경우 '보이스피싱' 취급을 받는 경우도 있었습니다. 요즘에도 네이버 지식에 보면 가끔 "헤드헌터에게 속았다."라거나 "헤드헌터를 통한 취업의 득과 실" 같은 이야기가 보이기도 합니다.

또 한편으로는 나름 열심히 헤드헌터에 대해 알리기 위해 수고하시는 분들중에는 헤드헌터 경력 일 년 남짓 길어야 2, 3년 하신 분들 중에서 '헤드헌터라는 직업'에 대해서 설명하시는 글들을 가끔 접하게 되는데 제가 그분들의 글에 대해서 감히 옳고 그름을 이야기하려는 것이 아니라 대부분 경력이 짧은 분들이 헤드헌터 대해 설명하는 글들을 보면 헤드헌터의 실상에 대한 이야기보다는 '미사여구'로 포장된 이야기로 설명되는 경우가 많다는 점입니다.

즉, '헤드헌터는 career consultant'라던가 '헤드헌터는 인사전문가'라는 식으로 포장되는 경우가 많이 있고 '헤드헌터는 후보자의 이력서를 잘 만들어 주어 취업 확률을 높여 주는 일'을 한다거나 '사전면접을 통해 면접을 잘 볼 수 있도록 도와준다'거나 하는 등등의 이야기를 많이 보게 됩니다.

'후보자의 이력서 수정하기' '후보자 사전면접하기' 등은 제 글에서 따로 설명을 드리겠습니다만 헤드헌터로서 가급적 하지 말아야 하는 일 중의 대표적인 예입니다.

한 사람의 예를 들어 보겠습니다. 좋은 학교를 나와서 대기업 연구소에서 10여 년 근무하다가 중견회사의 개발팀장으로 5년 정도 근무하다가 퇴사하여 헤드헌터를 성공적으로 3년 정도 해 온 40대 초반의 한 사람이 있습니다.

이 헤드헌터가 대학졸업 후 기업의 인사부서에서 18년 동안 인사업무(채용, 평가, 보상, 교육 등)를 해 온 사람에 비해서 'career consultant'나 '인사전문가'가 될 수는 없습니다. 30대 초반에 헤드헌터를 시작해서 5년 정도 지난 헤드헌터가 직장 생활 25년 경력의 40대 후반의 구직자에게 '면접을 잘 볼 수 있는 어떤 조언'을 해 줄 수 있는 것도 아닙니다.

헤드헌터.

인사전문가도 career consultant도 아닙니다. 그냥 구인 회사에는 적합한 인재를 찾아서 추천해 주는 채용외주업체이고, 구직자에게는 보다 많은 정보를 가지고 구인 회사를 소개해 주는 일을 하는 사람일 뿐입니다. 그리고 그 수고와 노력의 대가로 회사로부터 소정의 수고비를 받는 '직업인'입니다. 내가 '헤드헌터라는 직업인'에서 'career consultant'가 된다고 내 수입이 늘어나거나 내 능력이 더 발전하거나 세상이 나를 바라보는 시선이 나아지는 것은 아닙니다. 그저 언어의 인플레이션일 뿐입니다.

그러나 한편으로는 밖에서 바라보는 헤드헌터에 대한 잘못된 인식에 대해서 말씀 드리자면 헤드헌터 10,000명 시대입니다. 그리고 그중에서 70%는 아직은 헤드헌터라고 할 수 있는 분들이 아닙니다. 일 년 미만인 분들, 하다가 포기하는 분들, 몇 년 했지만 최저임금 수준의 수입도 못 가져가는 분들이 전체 헤드헌터 숫자의 70%가 넘습니다.

바꾸어 말씀 드리면 산술적으로 외부에서 만나는 헤드헌터라는 사람의 70%는 진짜 헤드헌터가 아니라는 말입니다. 그리고 이런 70%의 분들이 의도한 것이든 의도하지 않았던 것이든 고객사 또는 후보자를 상대하는 과정에서 많은 실수나 잘못된 행동을 하는 경우가 더 많습니다.

후보자의 경력과 맞지도 않는데 아무에게나 이메일 스팸문자 보내 듯이 관련없는 후보자들에게까지 메일을 보내거나, 절박한 구직자가 열심히 작성한 이력서를 함부로 관리하고 제대로 구인 회사와의 대화를 유지하지 못해서 취업 기회를 살리지 못하는 수많은 경우, 구인 회사에 대해서는 마치 수백 명의 좋은 후보자를 가지고 있는 것처럼 이야기하고는 실제로는 본인 힘으로는 단 한 명의 적합한 후보자조차 찾을 능력이 없어서 남의 도움만 바라보고 기다리다 연락도 없이 사라지는 헤드헌터까지 뒤섞여 있는 곳이기도 합니다.

그러면서 이런 분들은 어떻게든 구인 회사의 오더를 받아야 한다는 헤드헌터 시작 초기에 잘못 배운 내용 때문에 헤드헌터 수수료는 터무니없는 수준으로 마구 남발하면서 시장질서를 교란하고는 어느날 "나는 헤드헌터가 맞지 않는 사람"이라고 하면서 사라지는 사람들이 헤드헌터 전체의 70%입니다.

이는 누구의 잘못도 아닙니다.

오해를 하는 후보자나 구인 회사의 잘못도 아니고, 또한 열심히 일하고 실제로 구직자에게 도움을 주는 실제로 직업인 30%의 헤드헌터들이 책임을 져야 할 내용도 아닙니다.

다만, 이러한 현실은 부정할 수 없는 것이기 때문에 외부에서 여러분이 구직자의 입장에서든, 구인자의 입장에서든 만나게 되는 헤드헌터라는 사람들 중에 산술적으로 70%는 실제 헤드헌터라고 말하기는 어려운 사람들이라는 사실입니다.

그래서 그런 사람들 한두 명에 대한 경험만 가지고 전체 헤드헌터를 판단하고 단정하지 말아 달라는 말씀을 드리는 것이고 이 책의 「제5장 구인 회사, 오더 그리고 후보자」에서 다시 말씀 드릴 기회가 있습니다 만, 구인 회사나 구직자 모두 제대로 된 헤드헌터를 만나기 위한 "최소한의 노력"을 하여야 한다는 말씀을 드리는 것입니다.

그러나, 헤드헌터를 통한 취업은 분명하게 구직자, 후보자의 입장에서는 절대적으로 유리한 점이 있는 것도 사실입니다.

제대로 일을 하는 헤드헌터는 구인 회사에 대한 충분하고 정확한 정보를 구직자 또는 이직 의사가 있는 후보자 분들에게 취업의 정보(기회)를 제공합니다. 또한 구직자가 정확히 알 수 없는 구인 회사에 대한 보다 많은 정확한 정보를 가지고 있습니다. 또한 대부분의 헤드헌터는 해당 구인 회사에 예전에 다른 경력직 후보자들을 입사시킨 경험을 가지고 있습니다.

또한 많은 이력서를 접해 본 경험이 있기 때문에 후보자의 이력서를 제대로 평가 받을 수 있도록 작성하는 데 큰 도움이 됩니다. 또한 면접 과정 나아가서 연봉협상 과정에 후보자의 입장에서 헤드헌터의 경험을 조언할 수 있습니다(헤드헌터는 취업자의 연봉에 비례하여 수수료를 구인 회사로부터 받습니다. 내가 추천한 후보자의 연봉이 높을수록 헤드헌터의 수입도 비례해서 늘어나기 때문에 연봉협상에서 후보자의 편일 수밖에 없습니다. 물론 후보자로부터는 어떤 금전적 보상도 받지 않습니다).

나아가서 내 전공(업무)분야에 전문지식이 있는 헤드헌터는 장기적으로 내 경력관리 및 장기적인 이직에 큰 도움이 됩니다. 예를 들어 산업 분야에 전문지식을 가진 헤드헌터는 당연히 그 분야의 관련 회사를 많이 알고 있고 그에 따라 그런 회사들의 구인 정보를 많이 가지고 있을 것이고, 금융분야의 전문 헤드헌터는 당연히 금융 관련 회사의 구인 정보를 많이 가지고 있기 때문입니다.

분명한 사실은 무늬만 헤드헌터인 70%를 제외하고 제대로 일하는 헤드헌터를 만나시면 구직자는 취업과 이직에서 큰 도움이 됩니다. 그러기 위해서는 구직자 또한 제대로 된 헤드헌터를 만나기 위한 최소한의 노력(검증)을 하셔야 한다고 말씀 드리는 것이기도 합니다.

위에 말씀 드린 내용을 나에게 연락해 온 헤드헌터가 제대로 알고 있는지, 정확한 대답을 하는지 몇 가지만 물어보아도 알 수 있는 내용입니다. 이런 최소한의 노력도 하지 않고 무늬만 헤드헌터인 사람을 한두 번 만나 본 경험만 가지고 헤드헌터는 어떻다고 단정 짓는 행동이야말로, 본인이 보다 좋은 회사로의 이직 기회를 스스로 막고 있는 행동입니다.

1-5.
헤드헌터의 미래

제목은 제법 거창합니다만 솔직히 헤드헌터의 미래는 '저도 모릅니다'. 그걸 알면 제가 여기서 글 쓰지 않고 서울 어딘가에 돗자리 깔고 앉아 있겠지요. 다만, 지금까지의 경험으로 개략적인 모습은 추측할 수 있을지 모르겠습니다.

일단 미래라고 해서 50년 후, 100년 후를 예상하는 것은 아무런 의미가 없는 일일 터이니 내가 살아 있을 동안, 좀 더 자세히는 내가 경제활동을 할 수 있는 기간 동안이라고 이야기한다면 40대에게는 대략 30년, 50대에게는 길어야 20년쯤 될 것이라 생각됩니다.

30년이라면 대충 계산해 보면 얼마 전에 나온 〈1987〉이라는 영화의 배경이던 시절이 될 것이고, 20년 전이라면 대충 계산해 보면 역시 최근에 개봉한 〈국가부도의 날〉이라는 영화의 배경처럼 IMF가 전세계 특히 아시아 국가들을 광풍처럼 쓸어 가던 시절일 것입니다. 얼마 전 모 케이블TV방송에서 인기를 끌었던 응팔, 응사 시절도 대충 30여 년 전이 될 것입니다.

헤드헌터로 돌아와서 생각해 보면 국내에 헤드헌터가 처음 도입된 시기를 언제로 보는가 여부에 따라서 약간의 이견은 있을 수 있겠지만 대략 25년에서 30년 전쯤으로 기준하고, 초기에 소수의 헤드헌터가 외국계 및 고급기술자 등을 대상으로 활동하던 시절에서 지금은 다수의 서치펌과 더 많은 숫자의 헤드헌터들이 예전보다 더 많은 position에서 헤드헌팅 업무를 하고 있는 환경으로 바뀌었습니다.

바로 이러한 헤드헌터 업계의 환경 변화가 지금의 '헤드헌터라는 업의 본질'을 노가다로 바꾼 원인이 된 것이라고 생각합니다.

초창기 헤드헌터 시장은 외국계회사나 대기업 등에서 고급경력직, 고급기술직 그리고 팀장급, 임원급 이상의 고액연봉자들을 주 대상으로 하여 구인 의뢰가 이루어지던 시절로 당시에는 단순한 성실함보다는 우수한 후보자들과의 관계나 인맥 등이 더 중요한 요인이었고 이름 그대로 헤드헌터라는 업무를 하던 시절도 있었습니다. 또한 지금도 유럽이나 미국 그리고 일본의 헤드헌터 시장은 아직도 선수금을 받아 가면서 과거의 형태를 많이 유지하고 있는 것이 사실입니다.

그러나 대한민국의 경우는(그 원인이나 시기를 판단하는 기준은 일부 다를 수 있겠지만) 2009년경 전 세계를 덮친 '미국 발 서브프라임 모기지론 사태(리먼브라더스사태)' 이후 국내의 헤드헌터 시장은 외국계나 대기업에서 점차 중소기업으로 그리고 부장, 임원급에서 대리, 과장급 후보자까지 낮은 연봉의 구인 의뢰 쪽으로 그 시장의 중심이 옮겨온 것이라 볼 수 있을 것입니다.

<u>지금은 과거의 초창기 헤드헌터 시장과 그 환경이 완전히 다른 시대입니다.</u> 그 시장의 변화가 옳고 그름을 따지는 것은 아무런 의미가 없습니다. 그 시장 안에서 돈을 벌고자 한다면 헤드헌터는 바뀐 시장환경에 맞춰 살아남는 것이 중요한 것이고, 이런 이유로 이제는 '헤드헌터는 노가다'라는 말씀을 드리고 있는 것입니다.

이 책의 후반부에 다시 설명드릴 내용입니다만 현재 국내에 등록된 회사 법인의 숫자만 약 50만 개입니다. 이제는 이 중에서 최소한 10%의 법인 숫자인 5만 개의 회사가 헤드헌터의 잠재적인 시장이라는 관점에서 접근하여야 하는 것이라는 말씀을 드립니다. 더 보수적으로 계산해서 대한민국 법인의 단 1%만 헤드헌터를 필요로 한다고 가정하더라도 잠재적인 고객사는 5천 개입니다.

잠시 다른 이야기 하나만 하겠습니다.

지난 30년 동안 매년 연말에 방송에서 '올해는 유난히도 다사다난했던 한 해'라는 이야기를 듣지 않았던 해가 있으셨는지요? 지난 30년 동안 매년 초에 언론에서 올해는 작년보다 더 어렵다, 더 위기다 하는 말을 듣지 않은 적이 있으셨다고 기억하시는지요. 우리는 항상 지금이 가장 어렵다고 생각하면서 사는 것인지도 모르고, 10년 후에는 또 그때를 가장 어렵다고 생각하고 있을지도 모릅니다.

분명 헤드헌터 업계는 보여지는 정량적 요인들, 즉 헤드헌터 수의 증가, 수수료 하락, 서치펌의 난립, portal 운영사들의 big data 활용을 통한 matching 서비스, 그리고 portal회사들의 급격한 서칭비용 인상 담합 등 때문에 지금보다 좀 더 어려워질 수도 있습니다.

그러나 한편에서는—물론 그 숫자만큼 업계에서 도태하고 폐업하는 숫자 또한 그 만큼 늘어나고 있기는 합니다만— 헤드헌터의 지원자는 매년 더 늘어나고, 지금도 매년 수백 개의 서치펌은 새롭게 창업하고, 여전히 헤드헌터 구인 의뢰는 늘어나고 있고 그동안 서치펌을 쓰지 않던 회사들도 이제는 헤드헌팅 서비스를 의뢰하는 상황이기도 합니다.

결국 사람이 사람을 상대하는 직업이고, 비록 진입 장벽이 낮아서 갈수록 경쟁은 치열해질 가능성은 높은 직업이기는 합니다만 그래도 헤드헌터라는 직업은 쉽게 없어지거나 경쟁력을 잃을 것으로 보이지는 않습니다.

제2장

서치펌

2-1.
서치펌의 종류

펌에 대한 이야기는 조심스러운 부분입니다. 혼자서 개인 회사를 차려서 잘하시는 분도 계시고 수십 명, 많게는 백여 명의 헤드헌터를 데리고 있으면서도 잘 못하는 서치펌도 있습니다. 또한 잘 나가는 서치펌에서도 구성원 전부가 잘 버는 것은 아니고 누구는 돈을 많이 벌고 누구는 돈을 못 벌기도 하기 때문입니다.

여기서는 개략적인 서치펌의 종류와 서치펌의 숫자가 많다는 점에 대해서 이해하시는 것이 중요합니다. 즉, 지금 본인이 속해 있는 서치펌이 헤드헌터 업계 전체의 평균이나 대표도 아니고 <u>다른 서치펌도 모두 똑같은 시스템으로 운영되고 있지 않다는 사실</u>을 인지하시는 것이 중요합니다.

연봉 1억 헤드헌터
그들은 어떻게 일하는가?

서치펌은 우선 개인 회사와 법인이 있습니다.

개인 회사는 말 그대로 법인이 아닌 개인 회사고 사장이 '직업상담사' 또는 그에 준하는 자격을 가진 사람이면 창업할 수 있습니다.

법인은 주식회사로 '직업상담사'에 준하는 자격을 갖춘 등기임원 2인 이상이 필요합니다.

참고로 유료직업소개소업등록을 위해서는 위에 설명드린 '직업상담사'에 준하는 자격, '대표자 자격'이라고 하며 정확한 자격요건은 다음과 같습니다.

① 직업상담사 1급 또는 2급의 국가기술자격이 있는 자
② 직업소개사업의 사업소, 근로자직업능력개발법에 의한 직업능력개발훈련시설, 초·중등교육법 및 고등교육법에 의한 학교, 청소년기본법에 의한 청소년단체에서 직업상담·직업지도·직업훈련 기타 직업소개와 관련 있는 상담업무에 2년 이상 종사한 경력이 있는 자
③ 공인노무사 자격을 가진 자
④ 조합원이 100인 이상인 단위노동조합, 산업별 연합단체인 노동조합 또는 총연합단체인 노동조합에서 노동조합업무전담자로 2년 이상 근무한 경력이 있는 자
⑤ 상시 사용근로자 300인 이상인 사업 또는 사업장에서 노무관리업무전담자로 2년 이상 근무한 경력이 있는 자
⑥ 국가공무원 또는 지방공무원으로서 2년 이상 근무한 경력이 있는 자

⑦ 초·중등교육법에 의한 교원자격증을 가지고 있는 자로서 교사근무경력이 2년 이상인 자

⑧ 사회복지사업법에 따른 사회복지사 자격증을 가진 자

제 개인적인 의견으로는 새로 헤드헌터를 시작하시려는 분들의 경우라면 가급적 개인 회사보다는 법인을 추천 드리고 또한 일정 규모 이상의 인원이 있는 무엇보다 가장 중요한 것은 신입이 충분한 서칭을 할 수 있는 양질의 오더를 많이 가지고 있는 서치펌을 찾아 가시기를 조언 드립니다.

소규모 서치펌 또는 신설 서치펌의 현황

다시 한번 반복해서 드리는 말씀입니다만 서치펌의 규모나 역사가 반드시 그 서치펌의 좋고 나쁨을 의미하지는 않습니다. 다만 확률적으로 규모가 작은 서치펌, 그중에서 특히 신설서치펌의 경우 맞닥뜨리는 몇 가지 공통적인 특징과 어려움이 있는 것 또한 객관적인 현실이기도 합니다.

소규모 서치펌이나 법인이 아닌 개인 회사 서치펌인 경우, 아무래도 사장이나 대표의 역량 또는 한두 명의 고참 헤드헌터의 능력에 서치펌 전체의 영업환경이 크게 좌우될 수밖에 없습니다. 신입의 경우 매일 얼굴을 마주 보면서 잘하는 헤드헌터나 대표의 개인지도를 받을 수 있는 환경이 제공될 수도 있다는 장점도 있을 수 있겠지만 반면에 그 소규모 서치펌의 대표가 전체 헤드헌터 시장의 구인 오더를 다 가져올 수 있는

것도 아니고 어쩌면 1%도 다뤄 보지도 못하는 상황에 처음부터 오더의 다양성이나 좋고 나쁨에 대한 변별력을 갖출 수 있을 만큼의 '최소한의 정보나 자료' 자체가 부족한 채 어려운 신입의 시절을 보내야 하는 상황으로 처해질 가능성이 높다는 점입니다.

이 책의 뒤에서 헤드헌터 일생의 종류에서도 다시 설명 드리겠지만 많은 신입 헤드헌터 분들이 제대로 된 헤드헌터 업계의 현황이나 구인 오더에 대한 최소한의 접근 기회조차 박탈당한 채 몇 달, 몇 년을 허비하고 중도에 포기하시는 분들이 너무 많기 때문에 가급적이면 처음 시작하시는 분들이라면 최소한의 규모를 갖춘 그리고 다음 장에서 설명드릴 신설서치펌은 가급적 피해 가시기를 조언 드리는 것입니다.

서치펌이 떼는 수수료에 대한 정확한 이해

업계 평균인 서치펌이 떼는 수수료 30%가 과연 합리적인가 여부에 대해서 잠시만 살펴보도록 하겠습니다. 서치펌의 비용이라는 측면 또한 그 서치펌이 위치한 지역, 사무실의 전세 또는 월세 비용의 차이, 사무실 규모의 차이 그리고 최근 몇 년 동안 급격히 늘어난 portal 서칭 비용 그리고 회사의 규모에 따라 크게 차이가 나고, 총무업무를 전담하는 직원의 유무 그리고 서치펌에서 제공하는 복리후생이나 영업지원의 규모 등에 따라서 서치펌의 비용 또한 그 편차가 크기 때문에 일률적으로 얼마의 비용이 적당하다는 말씀을 드리기는 어렵습니다.

실제로 일반적인 기준에서 본다면 회사라고 하기에도 어려운 수준의 사무실 환경의 서치펌에서 헤드헌터에 대한 최소한의 지원도 없는 조건에서 근무하시는 분들도 계신 반면에 업력도 길고 규모도 큰 일부 대형 서치펌들의 경우는 대기업 이상의 사무실 환경을 갖추고 서치펌을 운영하시는 곳도 많이 계십니다. 즉, 서치펌마다 수수료율의 배분이 다르게 결정되는 것도 각 서치펌의 환경과 상황에 따라 차이가 날 수밖에 없다는 점입니다.

그러나, 중요한 것은 그런 환경적 요인과 별개로 한 명의 헤드헌터가 서치펌에 나누는 업계평균인 30%라는 숫자의 적정선이 얼마인가 하는 의문은 몇 년 정도 지나고, 연 매출 7,000만 원 정도 되면 그 시점의 차이는 있을지언정 반드시 생겨나는 질문입니다.

그런데 여기서 많은 헤드헌터분들이 미처 생각하지 못하고 있는 부분이 있습니다. 대부분의 헤드헌터들은 자기와 서치펌의 관계만을 계산합니다. 즉, 내가 회사에 부담하는 비용과 내가 회사로부터 받는 비용의 크기만을 비교하게 되는 것이라는 의미입니다. 그런데 실제 서치펌을 운영하는 경영자의 입장에서는 자기 몫을 다하는 헤드헌터도 있지만 자기 몫을 전혀 하지 못하는 헤드헌터 또한 같은 공간, 같은 사무실을 사용하면서 비용을 지출하면서 그들과도 함께 사무실을 운영하여야 한다는 점입니다.

또한 한 명의 헤드헌터가 제 몫을 하기 이전까지 사람에 따라서는 일 년 또는 그 이상의 기간이 걸리는 경우도 많이 있습니다. 그러면 결국 경영을 하는 입장에서는 한 명의 헤드헌터가 자기 몫을 다할 때까지 그리고 자기 몫을 다하지 못하고 있는 헤드헌터의 몫까지 그리고 몇 달 자리만 차지하고 중도에 포기하는 헤드헌터들의 비용까지 모두 끌어안고 가야 하는 것이 현실입니다. 그래서 한 사람이 매출 7,000만 원을 올리고 회사에 2,000만 원을 부담한다고 할 때 자기 몫을 다한 헤드헌터 입장에서는 당연히 본인이 서치펌으로부터 받는 지원이나 도움의 비용에 비해서 턱없이 많은 비용을 부담한다고 느끼는 것이 당연하고 또한 계산상으로도 맞는 것이기는 합니다만, 실제는 그 초과되는 비용은 서치펌이나 경영자가 챙겨가는 것이 아니라 바로 본인이 자기 몫을 다하기 이전까지의 기간 동안 쓴 비용과 바로 옆에서 자리만 차지하고 자기 몫의 매출을 올리지 못하고 있는 동료헤드헌터들의 비용을 본인이 부담하고 있는 것이라는 사실입니다.

어떻게 생각하면 억울하고 부당하다고 느낄 수도 있고, 그런 비용을 왜 본인이 부담하여야 하는지 인정하기 싫을 수도 있겠지만, 만약 초기에 합격자가 없어 당장 먹고 살기도 힘든 신입 헤드헌터에게 회사에 본인이 사용하는 비용까지 부담하라고 한다면 과연 지금 한 사람의 몫을 하고 있는 당신조차도 지금의 그 자리까지 버텨 오지 못했을 수도 있는 일이기 때문입니다.

이 부분은 진입 장벽이 없고 처음에 시작할 때에 어떠한 금전적 투자 리스크도 지지 않는 헤드헌터라는 직업의 세계에서 살아남은 헤드헌터들이 새롭게 시작하는 신입 헤드헌터분들에게 제공해 주어야 하는 최소한의 책임이라고 생각할 수도 있을 것이고, 또한 우리들도 살아남은 선배 헤드헌터분들의 비용 분담의 그늘 속에서 신입 헤드헌터 시절을 살아남아 온 것일 수도 있기 때문입니다.

회사가 떼어 가는 30%, 많다고 느낄 수도 있습니다. 그러나 그 금액의 절대 비중은 서치펌이나 대표가 아닌 바로 여러분의 신입시절 그리고 지금도 동료라는 이름으로 자리만 차지하고 있는 게으른 대다수 헤드헌터들의 자릿값을 당신이 대신 지불하고 있는 것입니다.

이러한 이유 때문에 저는 최소한의 자기 몫도 하지 못하는 게으른 헤드헌터나 투잡 삼아 적당히 일하는 분들 또는 먹고 살 만한 환경에서 동네 경로당이나 동창회 나오듯이 근무하는 헤드헌터분들에 대해서 동료로서 같은 직업인 헤드헌터로서 인정해 드리지 못한다는 말씀을 드립니다.

2-2.
서치펌의 선택

어떤 서치펌을 선택하여야 할까?

이 명제는 제가 현재 현직 서치펌의 대표를 하고 있어서 자칫 제 회사 자랑으로 비춰질 수 있기 때문에 구체적이고 객관적인 설명을 드리는 것이 어려운 부분입니다만, 일반적인 원칙에 대한 몇 가지만 말씀 드리겠습니다.

첫째, 무조건 본인이 발품을 팔고 여러 곳을 찾아다니시는 것이 중요합니다. 헤드헌터 10,000명 시대입니다. 서치펌 또한 앞의 글에서 설명 드린 것처럼 1인 개인 회사 서치펌부터, 오피스텔에 4~5명이 모여서 운영하는 서치펌, 10여 명의 헤드헌터들이 함께하는 서치펌, 20~30명 규모의 서치펌, 100명 이상의 헤드헌터가 일하는 서치펌까지 그 종류와 숫자가 많고 다양합니다.

또한 연 매출 1억 이하에서 연 매출 30~40억 이상을 하는 서치펌까지, 그보다 서치펌의 총매출보다 더 중요한 서치펌에 소속된 헤드헌터 1인당 평균 매출이 연간 2,000만 원 이하인 서치펌부터 5,000만 원 이상인 서치펌까지 그 종류와 숫자가 여러분이 상상하시는 것보다 훨씬 많습니다.

그래서 절대 남의 말 듣지 말고 본인이 발품 팔아서 직접 몇 개의 서치펌을 찾아다니면서 본인이 스스로 판단하시라는 조언을 드리는 것입니다.

둘째, 창업한 지 최소한 3년 내지 5년 이상 된 서치펌을 찾으십시오. 동시에 헤드헌터의 근속 연수가 높은 사무실을 추천합니다. 끝으로 퇴사자의 비율이 낮은 서치펌이 상대적으로 좋은 서치펌일 가능성이 높습니다.

신설 서치펌은 대부분 기존 서치펌에서 매출 7,000만 원쯤 하던 헤드헌터 한 명 또는 두세 명이 독립해서 설립한 서치펌인 경우가 많습니다. 제 글의 맨 마지막에 서치펌의 창업이라는 제목으로 따로 글을 쓸 예정입니다만, 대한민국의 신설 서치펌의 경우 "본인이 속해 있던 서치펌과 대표에 대한 불만 때문에 본인이 독립을 하면서, 정작 본인은 대표가 되어 자신과 똑같이 또 다른 누군가, 또 다른 헤드헌터 신입에게 자신이 겪었던 '불합리한 조건'을 똑같이 적용하려는 마음"을 가지고 자신이 욕하던 서치펌과 자신이 욕하던 대표의 행동을 그대로 답습하는 행보를 가려는 사람들이 많이 있습니다. 적어도 이런 과정은 지나고 난 최소한 3년 내지 5년 이상은 존속한 서치펌을 찾아야 하는 이유입니다.

헤드헌터는 프리랜서입니다. 조직에 속한 월급쟁이가 아닙니다. 언제라도 내 마음에 들지 않으면, 내가 정당한 보상을 받지 못한다고 생각되면 서치펌을 옮겨 갈 수 있는 곳입니다. 따라서 그만큼 근속 연수가 높은 서치펌은 구성원들의 불만이 그만큼 적다는 의미이기에 한 사무실에 오랫동안 계속 근무하는 헤드헌터 숫자가 높은 서치펌은 상대적으로 운영이 객관적이고 합리적일 가능성이 높다는 의미입니다.

셋째, 가급적이면 개인 회사보다는 법인을 그리고 반드시 구청과 노동부에 정식으로 등록된 서치펌을 가시도록 조언 드립니다. 그 다음으로는 서치펌 대표의 철학과 본인이 잘 맞는 출퇴근이 편한 위치에 있는 서치펌을 찾으시면 됩니다.

그리고 마지막으로 일부 서치펌 대표님들로부터는 욕먹을 각오로 말씀 드릴 내용은 다음의 내용을 광고하는 서치펌은 주의를 하시기 바랍니다.

첫째, 신입에게 서칭보다 영업이 중요하다고 이야기하는 서치펌, 입사하면 고객사 발굴하는 방법부터 가르쳐 주는 서치펌, 헤드헌터로 돈 벌려면 자기 오더, 자기 본인 고객사가 반드시 필요하다고 가르치는 서치펌은 가지 마세요.

　서치펌 차리고 앉아서 신입 헤드헌터를 받으면서 신입이 찾을 수 있는 양질의 충분한 일감(구인 오더)조차 공급할 능력도 없으면서 서치펌은 왜 차려 놓고 장사를 하겠다고 욕심을 부리는지 이해하지 못합니다. 신입이 왜 영업을 하고 신입이 왜 오더를 구하러 다닙니까? 아직 서칭도 제대로 할 줄 모르는 신입에게 영업하라고 강요하는 서치펌은 당장 서치펌 옮기시는 게 정답입니다.

　둘째, 회사에 오더 많다고 이야기하면서 대기업 오더 줄줄이 제시하는 서치펌 또한 주의하시기 바랍니다. 저도 신입 시절에 삼성그룹의 오더를 줄줄이 내놓은 서치펌 대표가 존경스럽게 보인 적이 있었습니다. 물론 제가 운영하는 서치펌이 나름 규모가 큰 이유도 있기는 하겠지만, 지금 현재는 전화 한 통이면 삼성그룹 전체의 내년도 경력사원 모집 내역 수백 명의 리스트를 당장에 받아 올 수 있습니다. 대한민국에 있는 서치펌 헤드헌터 수백 명이 누구나 받아오는 그런 오더 아무리 많아도 신입에게는 아니 경력, 고참 헤드헌터에게도 별로 영양가 없는 빛 좋은 개살구인 오더가 대부분입니다.

　'좋은 오더' vs '나쁜 오더' 그리고 '쉬운 오더' vs '어려운 오더'
　이 내용도 제가 가장 중요하게 여기는 명제입니다. 뒤에 다른 글에서 자세히 설명 드리겠습니다.

셋째, 회사에 자체 인재 데이터 베이스 수만 명 가지고 있다고 하는 곳의 실체는 이렇습니다.

사람인, 잡코리아에 이틀 전에 수정해 올라와 있는 '김구직'의 이력서와 회사가 가지고 있다는 데이터 베이스에 3년 전에 등록된 같은 후보자 '김구직'의 이력서 중에서 어떤 이력서가 더 가치가 있는 이력서인지는 추가로 설명드리지 않겠습니다.

그런데 왜 서치펌에서는 회사에 등록된 '김구직'의 이력서를 더 가치가 있다고 내 수수료에서 몇 퍼센트를 떼어 간다고 할까요? 이런 조건을 이야기하는 서치펌은 주의하라는 말씀을 드리는 것입니다. 신입인 분들은 나중에 겪어 보시면 알게 될 것입니다.

2년 전, 3년 전에 이직 의사가 있던 '김구직'이 지금도 이직 의사가 있는지, 새 회사로 옮겨서 잘 다니고 있는지 아무도 확인해 주지 않는 그저 한 사람의 과거에 구직 의사가 있었다는 정보를 가지고 비용을 지불하라거나, 그런 오래된 정보가 얼마나 대단한 가치가 있다는 의미인지 이해하기 어렵습니다.

물론 회사 내에 자체 인재 데이터 베이스를 가지고 있다는 것이 없는 것보다는 나을 수 있습니다. 그런데 그 데이터 베이스를 강제로 사용하여야 하고 또한 그 사용 비용을 지불하여야 한다면 그 사내 데이터 베이스는 분명히 공개된 다른 데이터 베이스들과 비교, 경쟁해서 '더 높은 가치'가 있을 때만 의미가 있는 것입니다.

이 책에서 이름을 직접 밝힐 수는 없습니다만 일부 '오랜 역사를 가진 서치펌에서 이러한 A급 후보자들에 대한 지속적인 인재 데이터 베이스를 관리, 운영하고 계신 곳도 분명히 존재'합니다. 그러나 대부분의 서치펌에서 가지고 있다는 인재 데이터 베이스는 portal에 공개된 후보자 수준과 비교하여 특별한 경쟁력을 갖고 있지 않은 경우가 대부분이고, 특히 이러한 회사 데이터 베이스를 설명하면서 혹시라도 일정 비율의 수수료를 더 떼어 간다고 이야기하는 서치펌이 있다면, 그 데이터 베이스의 가치를 냉정하게 판단해 볼 필요가 있습니다.

끝으로 완전연봉제가 아닌 신입에 대해 몇 개월 또는 일 년 정도 소정의 기본급을 준다는 서치펌 그리고 이런 서치펌을 찾는 분이라면, 감히 헤드헌터 시작하지 마시라는 말씀을 드립니다.

소정의 기본급을 주는 서치펌의 운영방식 또한 다양합니다만 가장 많은 조건이 기본급 월 100만 원 수준을 고정급으로 지불하고 합격수수료는 35% 대신에 10% 정도 지불하는 조건입니다. 이 조건이 신입이 리서처로서 매출 기준이 얼마일 때 손익분기점이 되는지 아닌지 여부를 따지는 것은 별 의미가 없습니다. 회사는 돈을 지불한 만큼 그 이상을 회수하는 것이 목표일 것이기에 그 매출이 달성되지 못하면 해고합니다. 그리고 월 100만 원 수준의 기본급에 큰 의미를 부여하고 시작하시는 분이라면, 죄송한 말씀이지만 연봉 1억 헤드헌터가 될 가능성은 거의 없습니다.

조금 억지스러운 비유일지 모르겠지만 눈 앞의 100m 목표 지점만 보고 처음부터 전력질주를 하는 육상선수가 그 속도로 마라톤을 완주할 수는 절대 없습니다. 비록 처음에 천천히 달리더라도 42.195km를 목표로 하고 달리는 선수는 절대 100m를 1등으로 통과하는 것에는 목표를 두지 않기 때문입니다.

헤드헌터를 시작하는 초기에 월 100만 원의 기본급이 '금전적으로' 본인에게 중요한 의미를 갖는 분이라면, 차라리 3개월 동안 열심히 아르바이트를 해서 600만 원 벌어 놓고 처음부터 프리랜서로 헤드헌터를 시작하시기를 조언드립니다(국내에는 아주 소수의 서치펌에서 완전연봉제를 하는 곳도 있습니다. 그러나 그곳 역시 내가 월급쟁이 이상의 결과를 내놓을 때 계속 근무가 가능한 것이라는 점은 큰 차이가 없습니다).

결론입니다.

서치펌에서 혹은 대표로부터 '신입을 위한 교육 시스템이 있다.' '기본급을 준다.' '회사 자체 데이터 베이스가 많다.' '가족 같은 분위기이다.' 등등의 이야기를 듣는다면, 그에 대하여 제가 드릴 답변은 이렇습니다.

이곳은 학교가 아닙니다. 여기는 돈 벌기 위해 모인 집단입니다. 서치펌이나 서치펌 대표님들은 장사꾼입니다. 얼굴 한 번 본 적 없는 신입 헤드헌터 지원자 분들에게 공짜로 베푸는 사람들 절대 아닙니다. 내가 투자한 것보다 더 많은 돈을 내게 벌어 줄 가능성이 있을 때에만 시간과 돈을 투자합니다. 순수하게 이 길에 들어서는 사람을 위해 내 돈과 비용을 들여 교육을 하고, 자료를 주고, 밥 사 주고 술 사 주는 사람은 없습니다.

헤드헌터는 프리랜서입니다. 내가 개인 사업자입니다. 신입을 위한 교육 시스템, 데이터 베이스, 가족 같은 분위기가 중요하시면 월급쟁이 하시든가, 수업료 내고 학교나 학원을 가시면 됩니다.

저는 저희 서치펌 헤드헌터분들에게 이렇게 이야기합니다. 가족 같은 분위기보다는 서로 돈 많이 벌기 위해 적당한 수준의 긴장감이 있는 서치펌을 운영할 것이고, 돈 잘 벌어 가는 환경과 조건을 위해서라면 가족 같은 분위기 따위는 포기할 수 있다. 서치펌도 회사이고 돈 벌기 위해 출근하는, 열심히 일하는 헤드헌터들이 돈 많이 벌어 가도록 만드는 공간이지, 출근하는 사람들 모두가 즐겁고 가족 같은 분위기를 더 중요하게 생각하는, 그리고 그 사이에 내 주머니는 비워져 가는 그런 사무실이 아니다.

'가족 같은 분위기'보다는 '광에서 인심난다.'

가족 같은 분위기는 내 주머니가 두둑해지면 자연스럽게 생기는 것입니다.

대형서치펌이 무조건 좋다는 말씀은 아닙니다. 대형서치펌은 그 나름

대로 단점이 존재합니다. 다만, 신입의 경우라면 오더의 다양성이 좀더 많은 조건의 서치펌이 유리하다는 말씀을 드리는 것입니다. 또한 대형 서치펌이 아니더라도 실적 좋은 헤드헌터분들이 많이 계시고 신입에 대해서 친절하고 가족적으로 대해 주시는 훌륭한 중소형 서치펌도 많이 있습니다.

신설서치펌이 무조건 불리하다는 말씀도 아닙니다. 경력이 있는 그리고 어느 정도 자기 스스로 생존능력을 갖춘 헤드헌터라면 대표와의 관계나 조건에 따라 충분히 함께하여도 문제없습니다. 다만 신입에게는 상대적으로 어느 정도 업계에서 업력이 된 서치펌이 보다 다양한 경험을 할 수 있는 기회를 가질 수 있다는 말씀입니다.

그리고 헤드헌터와 서치펌과의 수수료 배분율에 대해서 추가적인 이야기를 드리지는 않겠습니다만, 이 배분율의 방식은 생각하시는 것보다 아주 많이 다양한 방식으로 존재합니다. 이는 헤드헌터 본인의 실제 수입과 직접 관련되는 문제인 만큼 여러 곳의 서치펌을 다니시면서 직접 그 차이를 확인하기를 조언 드립니다.

그래서 본인 스스로 많은 서치펌을 직접 찾아다니고 난 뒤에 결정하시라는 말씀을 드리고 있는 것입니다.

2-3.
서치펌의 이동

앞 글에서 처음 서치펌을 선택하는 기준에 대한 말씀을 드렸습니다. 이번에는 서치펌을 옮기는 것에 대한 이야기를 해 보겠습니다.

서치펌 대표의 입장에서는 일단 빈자리에 누군가라도 채워야 하는 입장이기에 누군가가 헤드헌터를 시작하려고 하면 '무조건' 내가 잘 가르쳐 주겠다, 우리 회사는 오더가 많다, 우리 회사는 데이터 베이스가 좋다, 우리 서치펌에는 신입을 위한 교육 시스템이 잘 되어 있다 등등의 이야기를 하면서 '출근만 하면 다 해결되는 것처럼' 이야기할 수밖에 없습니다.

그러나 제가 앞의 글에서도 설명드린 것과 같이, 헤드헌터는 기본적으로 개인사업입니다. 헤드헌터도 엄연한 하나의 직업입니다. 드문 경우이지만 정식으로 완전연봉제로 운영하는 서치펌도 있습니다. 그러나 일반적으로 몇 개월 동안 약간의 기본급을 준다는 조건에 '관심'이 있는 분이라면 '프리랜서 헤드헌터'로의 첫 출발은 아니라는 생각입니다.

신입의 입장에서 첫 서치펌의 선택은 아주 중요합니다. 그런데 서치펌은 일반 회사와 다릅니다. 입사도 쉽고, 퇴사도 쉽고, 이직도 아주 쉽습니다.

첫 서치펌을 선택할 때에 본인 스스로 발품 팔아서 선택한 것과 마찬가지로, 서치펌의 이직 또한 본인 스스로 여기저기 직접 알아보시고, 신중하게 선택하시되 언제라도 더 좋은 조건이나 환경의 회사가 보이시면 옮기면 됩니다.

저희 사무실로 옮겨오신 헤드헌터 분들 중에는 이전 서치펌에서 이런 저런 부당한 대접을 받았다는 이야기를 들을 때가 많이 있습니다. 뒤에 다시 설명드리겠지만 서치펌의 근무환경 등에 따라 수수료율의 배분조건에 차이가 나는 것이고 결국은 헤드헌터 본인의 입장에 따라 선택하는 문제이기 때문이고, 대부분의 경우 매출 올라가면 대표는 결국 수수료율 조정해 주게 되어 있습니다.

현대차 영업사원이 가족 같은 분위기 만든다고 자기 오더를 양보하는 경우 없습니다. 대표가 매출 많은 헤드헌터들에게 끌려 다니는 이유도 결국 그 사람이 회사에 더 많은 기여를 하기 때문입니다. 대표가 눈앞의 이익 때문에 몇 푼 안 되는 돈에 급급하고 불공정한 경영을 하는 서치펌만 아니라면 어느 서치펌을 가든, 결국 본인 하기 나름입니다. 한편으로는, 기본적인 조건도 갖추지 못한 서치펌 그리고 그런 서치펌 대표들이 서치펌 전체를 욕 먹이는 것 또한 어쩔 수 없는 사실이고 실제로도 주위에서 전에 다니던 서치펌 대표 때문에 독립한 분들의 불평이나 비난도 많이 듣습니다.

그런데, 제가 말씀 드리고 싶은 요지는 뭔가 잘못되었다는 것을 느끼면서도 그런 서치펌에 계속 다니고 있는가 하는 사실입니다.

다시 반복해서 드리는 말씀이지만, 헤드헌터는 개인사업자입니다. 신중하게 결정해서 첫 서치펌을 선택하셨더라도 처음에 선택한 그 서치펌이 처음에 생각한 것과 다르거나, 다른 서치펌이 더 좋아 보이면 언제라도 본인의 자유 의지로 또 옮겨 가시면 되는 것입니다. 아무도 붙잡을 수 없습니다.

이상한 서치펌에서 대표 욕하면서 다니지 마시고, 스스로 자기에게 맞는 조건의 회사를 찾아 옮기면 됩니다. 혹시라도 지금 속한 서치펌의 대표나 동료 헤드헌터에 대해 불만이 있다면 그분들을 비난할 시간에 본인스스로 발품 팔아서 본인에게 더 적합한 서치펌으로 옮기면 됩니다.

그 대신 서치펌을 옮길 때에는 본인도 한 가지만은 생각해 보시기 바랍니다. 서치펌 대표의 입장에서 볼 때 나는 과연 제대로 한 사람의 몫을 다 하는 헤드헌터인지.

죄송스러운 말씀이지만 불평만 많은 헤드헌터 분들 중에는 의외로 업계 평균 매출도 올리지 못하시면서 불평만 많이 늘어놓는 분들도 많습니다.

서치펌의 선택도 일단은 내가 실력을 키우는 것이 가장 우선입니다.

2-4.
좋은 서치펌이란

이미 위에서 대부분의 설명을 드렸던 내용입니다. 반복해서 드리는 말씀입니다만 헤드헌터나 서치펌의 형태, 운영방법에 대한 정답은 없습니다. 사람마다 살아온 경험과 방식이 다르고, 가치관이 다르기 때문에 일률적으로 하나의 기준을 제시할 수 있는 것은 아닙니다.

Portal site나 여러 온라인상에 수많은 서치펌에서 헤드헌터 채용(헤드헌터는 프리랜서이므로 채용이라기보다는 초대라는 단어가 더 적합할 수 있겠습니다만) 공고가 올라옵니다. 그 수많은 공고 속에 들어 있는 각각의 서치펌 홍보 문구들을 보면

- 가족적인 분위기
- 함께 오래 일하실 분

- 대기업 오더 많습니다.
- 인성이 좋은 분들이 많습니다.

등등을 광고합니다.

물론 인성 좋은 오래된 헤드헌터 분들과 함께 모여서 대기업 오더도 많고 서치펌의 재무구조도 튼튼한 곳에서 함께 오래 일할 수 있다면 당연히 좋은 서치펌일 것입니다.

그러나, 실제로 중요한 것은 그 서치펌에서 신입인 또는 2, 3년 차인 내가 과연 얼마를 벌어 갈 수 있는지 여부가 더 중요한 것이고, 내가 노력한 것에 대한 보상이 제대로 이루어지는 서치펌이 더 중요한 것입니다.

그러기 위해서는 채용이 실제로 진행될지 안 될지 여부도 모르는 신규 고객사의 오더만 많은 곳, 국내 서치펌 20여 곳이 함께 몰려 수백 명 이상의 헤드헌터가 달라붙어 서칭하는 position이 많은 곳, 새로 영업 좀 하려고 시도하면 대부분의 회사에 선임, 고참 헤드헌터들이 자기 고객사라고 등록해 놓아서 새 고객사 하나 만들기 힘든 곳, 매일 회식하고 자주 놀러 다니는 가족 같은 분위기 속에 나 혼자만 남들이 찾지 않는 이상한 오래된 position만 찾고 있는 곳, 같이 열심히 일하는데 이상하게 내 수입만 적은 곳이라면 나를 제외한 서치펌의 대표나 기존의 고참 헤드헌터에게는 참 좋은 서치펌 일 수 있겠지만 신입인 나에게도 좋은 서치펌은 아닐지도 모릅니다.

제가 생각하는 좋은 서치펌이란,

첫째는 구성원 전체의 평균 수입이 높은 서치펌입니다. 서치펌 전체의 매출이 아닙니다. 이건 Ace 몇 명 가지고도 가능합니다.

인당 매출도 아닙니다. 회사가 수수료 많이 떼어 가면 회사가 비용이 많이 드는 구조를 가지고 운영한다면(예를 들어 비싼 임대료의 사무실, admin등 지원부서가 좋은 서치펌 등) 내 개인의 근무환경이나 회사의 대외적인 이미지는 좋아지겠지만 그 비용은 결국 구성원 헤드헌터들의 주머니로 들어가야 할 금액이 회사의 외형을 유지하는 데 쓰이는 것뿐입니다. 즉, 나는 좋은 환경에서 근무할지 몰라도 그 좋은 환경은 결국 내 주머니에서 나간 돈-내 주머니로 들어와야 할 돈-을 쓴 것에 불과하기 때문입니다.

서치펌 운영에 드는 비용은 대표가 내는 것이 아닙니다. 바로 구성원 헤드헌터들의 수수료에서 떼어낸 비용으로 충당하는 것입니다. 그래야 서치펌 대표도 먹고삽니다. 그렇다면, 비싼 사무실에 지원업무 충분히 제공받으면서 회사에 내는 수수료를 많이 내는 것이 좋은 분은 그런 서치펌을 찾아 가시면 되고, 최소한의 비용만 분담하고 내게 더 많은 수익을 배당하는 서치펌이 좋은 분은 그런 서치펌을 찾아가면 됩니다. 그래서 저는 좋은 서치펌의 첫 번째 조건은 구성원 전체의 평균 수입이 높은 서치펌이라고 생각합니다. 개인 헤드헌터의 입장에서만 본다면 내 주머니에 많이 채워 주는 서치펌이 될 것입니다.

연봉 1억 헤드헌터
그들은 어떻게 일하는가?

이를 위해서는 당연히 회사와 헤드헌터 간의 수수료 배분률이 가장 중요할 것이고, 그 다음이 본인이 매출을 높게 올리기 위한 환경, 즉 PM 쪽이 강한 헤드헌터라면 co-work을 잘 받을 수 있는 환경, co-work 쪽이 강한 헤드헌터라면 양질의 오더가 많이 제공되는 서치펌이 될 것입니다.

둘째는, 공정한 경쟁과 충분한 기회를 보장하는 서치펌입니다.

공정한 경쟁

헤드헌터 업계는 진입 장벽이 없다고 여러 번 말씀 드렸습니다. 그러나 그 집단 안에는 보이지 않는 엄청난 진입 장벽이 존재하기도 하는 곳이 헤드헌터 업계입니다. 그러나 그 보이지 않는 장벽 중에는 아무런 이유나 타당성도 없는 그저 업계의 관행이라거나 불문율이라는 명목으로 신입 헤드헌터 들에게 불합리한 손해나 양보를 강요하는 내용들도 많이 있습니다.

그러나 서치펌 대표의 입장에서는 새로 들어온 신입 헤드헌터의 생존율이 20%도 못되고 그리고 그 20% 안에 살아남아도 매출 7,000만 원 이상까지 올라갈 확률이 30%도 안 되는 사람의 가능성(확률)에 투자하기보다는, 당장 매출이 높아서 회사에 기여도가 높은 실적 좋은 고참 헤드헌터의 입장을 대변할 수 밖에 없는 입장이라는 점도 살펴보아야 할 것입니다.

신입의 입장에서는 대표나 고참 헤드헌터가 부당하고 불합리한 관행을 강요한다고 느끼시겠지만 그 배경에는 신입인 당신이 살아남을 확률이 낮다는 지금까지의 과거 경험이 있기 때문입니다(이 부분은 뒤에 '신입 헤드헌터가 방치되는 이유'에서 추가로 설명드립니다). 그러나 관행이라는 이유로 이해되거나 넘어갈 수 있는 수준을 벗어난 상황 또한 자주 발생하는 곳이 헤드헌터 업계입니다.

그래서 좋은 서치펌이란 최소한 신입이라도 같은 조직 내에서는 공정한 경쟁이 보장되어야 좋은 서치펌이라 할 수 있을 것입니다.

충분한 기회

영업을 잘하는 헤드헌터는 충분히 co-work을 받을 수 있는 환경, 서칭에 강점을 보이는 헤드헌터는 충분한 양질의 오더가 제공되는 환경, 더불어 한두 명의 PM의 오더에만 의존하는 것이 아니라 서치펌 내에서도 PM 사이에 공정한 경쟁에 의해서 co-worker가 PM의 오더를 선택할 수 있는 환경, 동시에 PM도 성실한 co-worker를 선택할 수 있을 만큼의 충분한 co-work 지원을 기대할 수 있는 환경이 제공되는 서치펌이 좋은 서치펌일 것입니다.

내가 열심히 일하고도 업계의 이해할 수 없는 관행 때문에 정당한 보상을 받지 못한다거나, 동일한 기회가 주어지지 않는 상황 때문에 제대로 일할 기회조차 가져 보지 못하고 헤드헌터 업계를 떠나는 분들이 많은 것도 부정할 수 없는 현실인 환경 속에서, 최소한 이 두 가지 조건은 만족되어야 본인의 노력에 비례해서 수입이 보장되는 서치펌이 될 것이기 때문입니다.

끝으로 이는 제 개인적인 바람일지도 모르겠지만 '더불어 사는 문화가 함께하는 서치펌'이었으면 합니다.

제가 이 글의 후반부인 실전편에서 다시 이야기할 내용입니다만, PM은 co-worker에게 감사하는 마음을 가지고 동반자의 입장에서 함께 일하고, 고참은 신입에게 내 과거의 잘못했던 실수를 반복하지 않도록 가르쳐 줄 수 있는 환경이 자연스럽게 조성된 서치펌, 각자 개인의 개성이 존중되고, 회사는 구성원에 대한 통제나 관리를 최소화하고, 내 서치펌의 헤드헌터가 10%, 13%짜리 수수료를 수용하지 않아도 되는, 즉 오더를 구걸하지 않아도 되도록 좋은 오더가 충분히 제공되는 환경을 만들어 주는 회사면 좋은 서치펌이 아닐까 합니다.

그래서 나아가서 자신이 속한 서치펌의 명함을 당당하게 가족이나 친구들에게 자랑할 수 있는 서치펌이 된다면 그걸로 충분하지 않을까 믿고 있습니다.

제3장

신입
헤드헌터

3-1.
나도 헤드헌터 해 볼까?

첫 번째, 먼저 누구의 조언을 들을 것인가?

잠시 한 가지 예를 들어 보겠습니다. 'A학원'이라는 재수학원이 있습니다. 학원은 학교와 달리 본인이 선택을 할 수 있는 곳인 점에서 헤드헌터라는 직업을 선택하는 것과 비슷하다고 제 맘대로 우기겠습니다. 첫 해 대학입시에 자신이 원하던 대학에 입학을 하지 못하게 되어 재수학원을 찾게 되었다고 하겠습니다. 그래서 여기저기 물어봅니다. 'A학원'이 좋은지 나쁜지. 그런데 'A학원' 출신 중에서 과연 몇 퍼센트나 'A학원'을 좋다고 말을 할까요? 재수를 한 사람 중에 과연 몇 퍼센트나 본인이 원하는 대학을 합격할까요?

아마도 재수를 한 결과 중에서 10% 정도만이 만족스러운 결과를 얻을

**연봉 1억 헤드헌터
그들은 어떻게 일하는가?**

것으로 생각합니다. 그리고 20%~30% 정도는 만족스럽지는 않지만 그런대로 손해는 아니라는 정도일 것이고, 아마도 50% 이상은 만족스럽다고 말하지 못하는 결과를 얻을 가능성이 높다고 봅니다.

그렇다면 'A학원' 출신들에게 물어본다면 아마도 10%는 좋은 학원이다, 20% 정도는 보통이다, 50% 이상은 나쁜 학원이라고 답변할 것입니다.

그럼, 여기서 질문입니다. 과연 'A학원'은 좋은 학원인가요, 나쁜 학원인가요?

학원이 아니더라도, 학교, 회사 어떤 조직이나 그룹에서 그 그룹이 좋다고 말하는 사람은 얼마 되지 않고, 그 그룹 속에서 성공한 사람, 살아남은 사람의 비율만큼만이 그 그룹을 좋다고 말할 것입니다.

헤드헌터를 시작하시면서 남에게 헤드헌터가 좋은 직업인지 아닌지 전망이 밝은지 아닌지 묻지 마십시오. 잘 나가는 헤드헌터는 좋은 직업이라고 말할 것이고, 잘 나가지 못하는 분들은 나쁜 직업이라고 말할 것입니다.

내가 그 그룹 속에서 상위 10%, 상위 20% 안에 들 자신이 있고, 헤드헌터라는 직업이 나의 적성에 맞는 일인지 여부만 판단하시면 됩니다.

반에서 성적이 하위 30%에 있는 학생에게 공부가 재미있는지 물어보는 것은 의미가 없습니다. 반에서 1등 하는 친구가 "공부가 재미있다."라고 답변한다고 내게도 공부가 재미가 있는 것은 아닙니다. 결국 본인이 공부에 적성이 있는지 없는지, 그 경쟁 속에서 몇 퍼센트에 속할 수 있는지 여부가 중요한 것입니다.

두 번째, 나는 헤드헌터로서 성공할 수 있는가

첫째, '양, Quantity'을 이기는 '질, Quality'은 없습니다. 이 명제는 제 글의 전체에서 항상 꾸준히 제가 주장하는 절대명제입니다.

능력도 경력도 센스도 중요하지만 돈 버는 헤드헌터는 열심히 일하는 헤드헌터입니다. 월급쟁이보다 편하다는 의미가 덜 일한다는 의미는 아닙니다. 적어도 월급쟁이만큼은 시간을 투자해야 그들만큼 법니다.

둘째, 이 일도 결국 사람 사이에 스트레스는 있습니다. 다만 피할 수 있는 방법이 있다는 것뿐이지 여기도 사람 사는 동네이기에 결국 사람 간의 분쟁이나 스트레스는 존재합니다.

세 번째, 본인 스스로를 통제할 수 있어야 한다

안 되면 배우자나 다른 식구, 주위 사람에게 부탁이라도 하시기 바랍니다.

대부분의 인간은 게으른 환경에 빨리 익숙해집니다. 군대 다녀오신 분들은 대부분 알겠지만 제대 후 민간인 시절 생활로 돌아오는 데 며칠 걸리시던가요? 일주일 안 걸립니다.

처음에 8시 출근, 일주일 지나면 9시 출근, 좀 더 지나면 10시. 그러다 보면 어느덧 11시 출근합니다. 처음에 7시 퇴근, 남들 따라 6시 퇴근, 지하철에 사람 많다고 5시 30분 퇴근, 친구와 약속이 있다고 5시 퇴근합니다. 그러다가 헤드헌터 시작하고 석 달쯤 되면 10시 30분 출근 5시 30분 퇴근 점심시간 빼고 커피 들고 잡담하는 시간 빼고 나면 사무실에 6시간 앉아 있고 실제 일하는 시간은 4시간 남짓이 됩니다.

하나만 물어보겠습니다.

<u>당신이 사장이면 하루 4시간 일하는 직원에게 얼마의 월급을 주시겠습니까?</u>

내가 이 직업을 존중하고 매일 정시출근하고 정시퇴근하면 집에서도 가족도 나를 직업인으로 대해 줍니다. 내가 10시 넘어 출근하고 5시쯤 퇴근하는 모습을 보이면 집에서도 무슨 일만 있으면 주민센터 들렀다 나가라, 오전에 택배 받고 출근하면 안 되냐, 일찍 퇴근해서 법무사 사무실 같이 가자, 시댁 모임 가자, 친정 보일러 바꿔 드리러 처갓집 들러라 등등 어느덧 당신은 직업인 헤드헌터가 아니라 백수 대신 헤드헌팅을 하고 있는 알바생이 되어 있을 수도 있습니다.

결론입니다.

제가 판단하기에 결국 돈을 잘 버는 컨설턴트들의 공통된 현상은 '집 중력'과 '근무시간(양)'입니다. 제가 오랫동안 헤드헌터 업계에서 지켜본 돈 못 버는 헤드헌터들의 공통점은 돈 많이 버는 헤드헌터보다 늦게 출근하고, 안 나오는 날이 많고, 일찍 퇴근한다는 점입니다.

헤드헌터라는 직업은 절대 남보다 덜 일하고 더 많이 버는 직업이 아닙니다. 사람 차이는 있겠지만 평균적으로는 월급쟁이만큼만 일하면 월급쟁이보다는 조금 더 벌어 가는 것도 사실입니다. 그리고 근무시간의 자유로운 선택과 조직 안에서 부딪치는 불필요한 인간관계의 스트레스는 적습니다. 그 대신에 나 자신 외에는 아무도 내게 통제를 가하는 사람이 없기 때문에 쉽게 나태해지는 무서운 면도 있는 직업입니다.

3-2.
왜 신입 헤드헌터는 방치되는가: 1

신입의 낮은 생존율

그리고 중간에 포기하는 사람의 비용은 서치펌의 부담

서치펌이나 서치펌 대표에 따라서 신입 헤드헌터를 살뜰하게 챙겨 주시는 분도 계실 수 있겠지만, 대부분의 현장에서 신입 헤드헌터 분들은 입사 전에는 '출근만 하면 당장 다 성공하고 돈 벌 수 있을 것'처럼 이야기하던 곳이 아무도 챙겨 주지 않는 말 그대로 '방치'로 바뀌는 것이 현실입니다.

좀더 냉정하게 말씀 드린다면, 기존 헤드헌터분들 또는 서치펌 대표분들이 신입헤드가 입사를 하면 그 신입 헤드헌터가 살아남든, 중도에 포기하든 솔직히 별 관심이 없다는 것이 보다 정확한 의미일지도 모릅니다. 물론, 서치펌 대표의 입장에서는 신입 헤드헌터가 살아남아서 매출이 오르고 30% 회사 몫이라도 벌어 주면 고마운 일이기에 상대적으로 조금 더 관심을 보이기는 합니다만, 그 속마음은 살아남으면 좋고 아니면 말고의 입장인 것입니다. 하물며 기존 헤드헌터 입장에서는 예전부터 알고 지내던 사이도 내 가족도 아닌데 새로 온 사람이 돈을 벌든 중간에 포기하든 솔직히 아무런 관심도 없다는 것이 당연한 일인지도 모르겠습니다.

오히려 신입이라는 이유로 수고에 비해 성공 가능성이 낮은 오더-제가 주장하는 나쁜 오더- 두어 개 넌지시 던져 주면서 한번 해 보라고 하는 정도가 전부입니다. 신입 헤드헌터의 입장에서는 처음에는 오더 주는 것만으로도 고맙다가 어느 순간 자기가 이용당하고 있다는 생각이 들고 선임 헤드헌터나 서치펌대표에 대한 서운함에 헤드헌터 업계 전체를 불신하고 비난하면서 중간에 포기를 하는 원인이 되기도 합니다.

확률적으로 서치펌 대표분들이 더 그런 분이 많을 가능성이 많고 일부 친절하게 잘 가르쳐 주는 선배 헤드헌터가 있을 수도 있지만, 지금 헤드헌터로 잘하시는 분들의 대부분은 결국 선배나 대표의 도움이 전혀 없이도 신입 초기에 부당한 대우나 어렵고 착취당하는 환경에 속에서 살아남아 지금의 자리에 오신 분들이 대부분입니다.

서치펌 대표들끼리 모였을 때 하는 말이 하나 있습니다. "아무리 챙겨 줘도 안 될 사람은 결국 안 되고, 그냥 방치해도 결국 될 사람은 된다."

그렇다면 이런 '신입 헤드헌터가 방치되는 현상'에 대해서 왜 그럴 수밖에 없는지 한 번 입장을 바꿔서 생각해 보겠습니다.

제가 앞의 글에서도 설명을 드린 것처럼, 완전 초보로 헤드헌터를 시작하는 경우라면 서치펌마다 다소 차이는 있을 수 있겠지만 일 년 이후 생존율은 많아야 20% 평균 10% 정도인 것이 현실입니다. 결국 선임헤드헌의 입장에서 보면 20명의 신입 헤드헌터와 매번 인사 나누고 친절히 하나하나 가르쳐 줘도 결국 일 년 후에 나와 함께 일하는 사람은 산술적으로 두 명 많아야 서너 명입니다.

신입 헤드헌터의 입장에서 기존 헤드헌터분들이 불친절하고 신입에 대한 배려가 부족하다고 느끼는 이면에는 이처럼 중간에 포기하고 떠나는 헤드헌터의 숫자가 너무 많다는 이유가 있습니다.

동시에 선임 헤드헌터 입장에서 과연 신입 헤드헌터가 잘 되기를 바라는 마음이 진심일 수도 없습니다. 이미 포화 상태인 헤드헌터 시장에 결국 또 한 명의 경쟁자를 만드는 것이고, 결국 제한된 파이에서 숟가락 하나 더 얹는 경쟁자 한 명을 더 늘리는 일인데, 선임 헤드헌터의 입장에서 자기의 오더만 열심히 서칭해 주는 co-worker 또는 researcher의 역할만 한다면 모를까, 신입 헤드헌터가 스스로 혼자 힘으로 살아남아 내 경쟁자가 되는 것을 진심으로 도와주고 싶은 사람이 많을 수는 없는 것입니다.

여기에 대표의 입장에서는 한 가지 더 고민해야 하는 것이 있습니다. 그 신입 헤드헌터가 몇 달 또는 길게는 일 년 가까이 단 한 건의 실적도 없이 지내는 기간 동안에도 그 비용의 많고 적음을 떠나서 비싼 강남 땅에 한 개의 자리(공간)를 차지하고 있고 portal searching 비용을 포함하여, 전기, 전화, 커피 등등 계속 비용은 발생하고 있다는 점입니다.

실제 서치펌 대표의 입장에서 제일 속상한 경우가 일주일에 한두 번 출근하고, 열심히 일도 하지 않으면서 6개월 이상 자리만 차지하고 있다가 결국 포기하는 신입 헤드헌터입니다.

물론 신입 헤드헌터 입장에서는 3개월 정도 해 보다가 포기하면 그 3개월 동안의 기회비용이 억울하게 느껴질 것입니다. 그러나, 서치펌의 대표 입장에서는 "해 보다 아니면 말고" 하고 사라진 그분의 3개월 동안 '사무실 비용'을 자기 돈 물어 가면서 실제로 날린 것이 됩니다.

그렇기 때문에 기존의 헤드헌터 분들이나 서치펌 대표의 입장에서 80~90%의 신입 헤드헌터분들이 한두 달 뒤에 혹은 반 년 후에 비용만 쓰고 사라질 가능성이 높다는 현실적인 이유 때문에 새롭게 들어오는 분들을 매번 '살갑게' 맞이하기 어려운 이유인 것입니다. 이런 과정이 반복되다 보면 결국 기존 헤드헌터나 대표의 입장에서는 '알아서 살아남는 사람'만 상대할 수밖에 없는 태도로 신입 헤드헌터분들을 상대하게 되는 것입니다.

헤드헌터는 기존에 근무하던 회사 조직과 다른 사회입니다. 기존 회사의 경우는 새로 온 분이 신입이든 경력이든 앞으로 나와 함께 근무를 계속할 가능성이 90% 이상인 분이지만, 신입 헤드헌터의 경우는 6개월 후에도 계속 얼굴 보고 있을 가능성이 10~20% 정도밖에 되지 않는다는 점입니다.

'역지사지(易地思之)'. 제가 가장 좋아하는 말입니다. 신입 헤드헌터 여러분의 입장에서는 처음이 가장 힘이 듭니다. 많은 분들이 그 고비를 넘기지 못해서 중간에 포기를 하시는 경우도 많이 있습니다. 그러나 그 이면에는 이처럼 "헤드헌터가 어떤 일인지 소위 '간'보러 몇 달 해 보다가 떠나는" 수많은 분들이 있다는 점도 알아 주시기 바랍니다. 그래서 기존 헤드헌터 분들이나 서치펌 대표의 입장에서 모든 신입 분들을 따뜻하게만 맞이하기 어려운 점이 있다는 점을 이해하여 주시기 바랍니다.

3-3.
왜 신입 헤드헌터는 방치되는가: 2

보이지 않는 진입 장벽, 자생적 진입 장벽

먼저 이 주제에 대한 이야기를 시작하기 이전에, 현재 국내 서치펌 그리고 선임(선배) 헤드헌터들의 잘못된 관행과 '보이지 않는 진입 장벽'에 대한, 즉 제가 자주 이야기하는 대한민국 서치펌의 '신입 헤드헌터 노동력 착취구조'의 문제점에 대해서, 왜 현재 우리 헤드헌터 업계에서는 신입 헤드헌터들이 살아남기 참 어려운 구조인 것인지에 대한 이야기를 먼저 해야 할 것입니다. 반복해서 하는 이야기입니다만 헤드헌터 업계는 진입 장벽이 없습니다. 즉, 아무나 할 수 있는 일이라는 의미입니다.

매년 수 천명이 헤드헌터 업계를 기웃거리면서도 실제로 살아남는 헤드헌터의 숫자는 보는 사람에 따라 다소 차이는 있지만 적게는 10%에서 아무리 많이 잡아도 20~30% 수준입니다. 그런데 살아남은 헤드헌터의 입장에서 보면, 실제로 이 일이 본인과 맞지 않아서 그만두는 사람의 숫자보다는 이 업계의 실제 모습조차 제대로 파악하지도 못한 채 몇 달 동안 고생한 결과물을 얻지 못해서 스스로 포기하는 숫자가 더 많다는 안타까운 현실을 보게 됩니다.

여기에는 수많은 이유가 있겠지만 가장 큰 원인은 선임 헤드헌터들이 고객사라고 수십 개 등록해 놓고 신입들은 건들지도 못하게 하는 이상한 업계 불문율과 서치펌 대표 입장에서는 고참과 신입 헤드헌터의 분쟁에서 실적이 높은 고참 헤드헌터 편을 들 수밖에 없는 서치펌의 수수료 배분율 구조입니다.

결국 신입(또는 리서처)은 선임이나 회사가 제공하는 제한된 오더를 대상으로 서칭(헤드헌터)을 시작할 수밖에 없는 입장에서 '현실적으로' 가성비가 떨어지는 질 나쁜 오더만 찾다 보니, 제품에 포기할 수밖에 없는 악순환의 반복 등이 겹쳐서 신입이 이 업계에서 살아남기 어려운 것이 현실이 되고 있습니다.

그런데 한편으로는 앞에 글에서도 설명 드렸던 것처럼, 살아남는 10%의 신입 헤드헌터들을 보면,

첫째, 아무리 어려운 환경이 주어져도 결국 살아남을 사람은 살아남는다.

둘째, 결국 성실한 자가 살아남는다(반복해서 말씀 드립니다. '양

(Quantity)'을 이기는 '질(Quality)'은 없습니다).

셋째, 남의 덕이 아닌, 자기 스스로 일어서는 사람이 살아남는다.

이게 가장 중요한 부분인데, 첫 번째 선택한 서치펌을 빨리 뛰쳐나와서 더 좋은 환경과 더 좋은 조건의 서치펌을 찾아 발품 파는 수고를 하는 사람이 나중에 보면 오래 살아남고 돈도 많이 번다는 사실입니다.

신입 헤드헌터나 리서처에 대한 기존 헤드헌터 업계의 잘못된 관행이나 착취구조가 존재하는 것은 분명한 사실입니다. 그런데 그걸 반드시 나쁘다고만 이야기할 수 있을까 여부는 의문입니다.

예전에 어떤 헤드헌터 한 분이 서치펌 대표에 대해서, 그리고 그 대표 주위에 모여 있는 고참 헤드헌터들에 대해서 비난하던 일이 있었습니다. 그때 그분의 주장은 누구라도 헤드헌터를 시작하면 최소한 그 신입 헤드헌터가 살아남고 최소한의 생계비는 벌어 갈 수 있도록 대표와 선배들이 배려를 해 주어야 한다는 내용이었습니다.

그런데 헤드헌터를 처음 시작하는 사람 모두를 생존할 수 있게 도와줘야 한다는 주장은 치킨 프랜차이즈 점포를 여는 모든 점주들은 다 살아남도록 본사나 주변의 다른 경쟁 치킨 업체가 도와줘야 한다는 주장이고, 새로 학원을 여는 학원들은 모두 다 살아남도록 국가와 지역사회 그리고 길 건너 경쟁 학원이 도와줘야 맞는 일일 것입니다. 그나마 프랜차이즈나 학원을 여는 분들은 자기 퇴직금이라도 털어 넣는 투자(risk)라도 부담하시는 분들이지만 헤드헌터는 몇 달 자기 시간 투자하는 것 말고는 금전적인 부담이 없습니다.

이곳도 경쟁사회입니다. 더욱이 진입 장벽도 없는 시장입니다. 게다가 소위 밑천도 필요 없습니다. 물론 많은 곳에서 신입 헤드헌터나 리서처를 착취하는 지금의 헤드헌터 업계의 구조가 옳은 일이라는 의미는 아닙니다. 그러나 그렇다고 지금의 잘못된 구조를 내가 신입이니까 무조건적으로 비난하는 것 역시 정당성은 부족해 보입니다.

이런 불합리하고 눈에 보이지 않는 진입 장벽을 헤치고 살아남은 헤드헌터분들이 그 서치펌에서 지금 선임(선배) 헤드헌터를 하고 있는 것이고, 가족을 부양하는 가장의 역할을 하고 있는 것입니다. 또한 본인 스스로 더 나은 조건의 서치펌을 찾아 옮겨서 새롭게 자리잡고 있거나, 혹은 이런 불합리한 상황이 싫어서 스스로 독립하시는 분도 계시고, 혹은 개인사업자로 혼자서 일하시는 분들도 많이 계십니다. 모두 다 각자 살아남는 방법을 찾아 자기에게 맞는 새 길을 찾아간다는 의미입니다.

지금 헤드헌터 업계의 눈에 보이지 않는 신입 헤드헌터나 리서처를 착취하는 구조는 분명히 잘못된 일입니다. 그러나 어쩌면 그 잘못된 구조가 진입 장벽도 없이 투자금도 없이 시작할 수 있는 이 업계의 자생적 진입 장벽의 하나는 아닐까 생각도 해 봅니다.

3-4.
왜 신입 헤드헌터는 방치되는가: 3

서치펌의 수입문제: 신입을 care하면 손해를 보기 때문

이번에는 신입에게 우선적으로 배려를 하기 어려운 직접적이고 현실적인 '돈' 문제를 한번 이야기해 보겠습니다.

가끔은 회사로 직접 의뢰가 오는 오더가 있습니다. 솔직히 인바운드 오더는 평균적으로 볼 때는 그리 좋은 오더는 별로 없습니다. 오죽하면 구인 회사에서 서치펌을 찾아다니면서 오더를 주겠습니까? 기존 서치펌들이 다 포기하고 떨어져 나가서 새 서치펌 찾는 경우가 대부분인 경우가 많습니다. 그런데, 그중에서는 가끔 '정말로 괜찮은 회사, 괜찮은 오더'가 들어올 때가 있습니다. 그리고 가끔은 고참 헤드헌터가 자신이 직접 주관하기에는 가성비가 떨어져서 남에게 분양하려는 고객사도 있습니다.

　이럴 때 대표 입장에서 고민이 됩니다. 예전에는 저도 주로 신입에게 오더를 주었습니다만, 신입 헤드헌터의 경우는,
　첫째는 고객사 응대가 부족하여 자기 고객사를 만들지 못한다는 점.
　둘째는 신입 헤드헌터이기에 서칭 능력이 부족해서 고객사의 구인 오더 대부분을 혼자 힘으로 다 서칭하지 못하기 때문에 할 수 없이 다른 선배 헤드헌터들에게 co-work을 올리는데, 문제는 이런 신입 헤드헌터가 올리는 co-work 오더에 대해서 다른 능력 있는 고참 헤드헌터들이 별로 관심을 보이지 않는다는 문제가 발생합니다.

　그러나 이 오더를 유능한 PM 경력이 많은 고참 헤드헌터에게 주면, 잘 관리해서 일 년에 5명에서 10명까지도 합격시킬 수 있는데 능력이 부족한 신입 또는 PM 경력 부족한 헤드헌터에게 주어서 일 년에 겨우 한 두 명만 합격시키는 것으로 끝난다면 대표나 서치팀의 입장에서는 회사 매출 5,000만 원만 예상해도 회사 수수료 1,500만 원 날아가고 그 오더를 받아서 잘 관리할 수 있었던 고참, 경력 PM헤드헌터 수입 3,500만 원을 허공에 날리는 결과가 되어 버린다는 사실입니다.

　이런 현상은 단순히 대표와 선임 헤드헌터가 오래 얼굴 보고 알던 사이이기 때문에 특혜를 주는 것이 아닙니다. 철저한 '경쟁논리' '경제논리' 때문에 결국 '부익부 빈익빈'의 결과를 더 부추기는 상황이 되고, 결국 신입은 더 어려운 환경이 되는 것입니다.

잘하는 고참 헤드헌터도 처음부터 잘하는 사람은 아니었습니다. 그분도 초보 시절, 신입 시절이 있었고, 사람마다 시간의 차이는 있었겠지만 그 어려운 과정을 겪어서 지금의 그 자리에 올라온 것일 것입니다.

신입 헤드헌터로서 대표나 선배가 care해 주지 않는 것이 아쉽다고 느끼지 마시고 진입 장벽 없는 데다가 내 밑천 한 푼 들이지 않고 시작할 수 있는 이 헤드헌터라는 새 직업에서 이 정도 '진입 장벽'은 당연한 것이라 생각하시고 누구나 겪는 '통과 의례'라고 여기고 극복한다면, 당신도 어느덧 다음의 신입 헤드헌터들에게는 부러운 고참 헤드헌터의 모습이 되어 있을 것입니다.

3-5.
신입 헤드헌터의 오해

헤드헌터의 길에 들어서고자 하는 많은 예비 헤드헌터들께서 공통적으로 물어보시는 내용 중에 가장 대표적인 내용이 '신입에 대한 교육시스템이 잘 갖춰져 있고, 장기적으로 신입 헤드헌터가 자리잡도록 잘 관리해 주는' 서치펌을 소개해 달라고 합니다.

결론만 먼저 말씀 드리겠습니다.

이 세상에 그런 서치펌은 존재하지 않습니다. 당신이 돈을 벌기 위해 출근하는 곳에서 당신에게 공짜로 돈 버는 방법을 가르쳐 주는 곳은 존재하지 않습니다. 다만, 당신에게 투자한 것 이상을 돌려받을 가능성이 있다고 판단되면 그만큼만 투자해 볼 뿐입니다. 프리랜서 경쟁사회에 뛰어들려는 첫 마음가짐이 '공짜로 누군가의 도움을 받아 시작하기를 원하고, 그런 곳을 찾기를 원한다면' 헤드헌터를 시작하지 말도록 조언 드립니다.

법무사, 세무사, 공인중개사분들이 개인 사무실 대신에 몇 명이 모여서 법인 형태를 만들어 일할 때, 새로 시작하는 법무사, 공인중개사 동료에게 친절하게 공짜로 영업하는 방법을 가르쳐 주는 사무실은 존재하지 않습니다. 그 안에서 살아남아 성공하는 분은 사무실에 함께 모여 있는 다른 동료가 잘 가르쳐 주기 때문이 아니라, 본인이 열심히 일을 해서 성공한 것입니다.

제 글 여러 곳에서 말씀 드렸지만 헤드헌터 시장은 이미 포화 상태입니다. 기존에 자리잡은 헤드헌터의 입장에서는 새로 진입하는 헤드헌터가 반가울 이유도 없습니다. 이 세상에 본인 부모님이나 내 가족을 제외하고 남을 위해서 희생을 하면서 그 사람이 새 직업에 자리잡도록 도와주는 사람은 없습니다.

헤드헌터에 진입 장벽이 없는 것처럼 서치펌 또한 진입 장벽이 없습니다. 대부분의 서치펌은 들어간다고 하면 대부분 무조건 환영합니다. 서치펌 옮기는 것도 쉽습니다. 직장 옮기는 것보다 훨씬 쉽습니다.

장기적으로 연봉 1억 이상의 헤드헌터가 되기 위해서는 조금 다른 이야기일 수 있지만, 평균적으로 월급쟁이 수준의 수입을 올리는 헤드헌터가 되기 위한 수준 정도 올라가는 데에 필요한 '기능적인 지식'은

portal site 접속해서 공고 올리는 법, searching하는 법 한 시간 배우면 끝입니다. 이 책의 후반부에 다시 자세한 설명을 드립니다만 고객사 찾는 방법도 교육받을 필요 없습니다. 실제로 헤드헌터 잘하는 방법을 가르쳐 주는 교육 시스템은 존재하지도 않습니다.

반복되는 말씀입니다만, 서치펌의 선택은 남에게 묻지 말고 본인 스스로 portal 뒤져서 작은 회사, 중간회사, 큰 회사 5곳만 직접 다녀 보세요. 본인이 돈 벌기 위해 선택하는 첫 번째 회사(서치펌)를 얼굴 한 번 본 적 없는 온라인에서 몇 줄 답변해 주는 사람의 말을 듣고 결정하지 마시기 바랍니다. 하루만 투자하면 테헤란로에 널려 있는 수십, 수백 개의 서치펌 중 10곳 이상을 방문할 수 있는데 그 시간조차 투자하지 않고 결정하는 실수를 하지 마시기 바랍니다.

첫 번째 서치펌의 선택은 중요합니다. 그러나 동시에 서치펌의 이동 또한 언제나 자유롭습니다. 그리고 좋은 서치펌을 찾기보다는 내가 어떻게 열심히 일할 수 있는지 고민하시기 바랍니다.

추가적으로 서치펌을 선택하실 때, 고려하실 내용은, 단순히 표면적인 숫자에 현혹되지 말라는 말씀을 드리고 싶습니다.

서치펌이 크다와 작다, 좋다와 나쁘다의 차이가 무엇일까요? 100명의 헤드헌터가 모여서 25억의 매출을 하는 회사와 50명의 헤드헌터가 모여서 30억의 매출을 하는 회사가 있다면 어느 회사가 더 큰 서치펌인가요?

100명의 헤드헌터가 등록되어 있는데, 사무실에 평균 출근하는 인원은 60명인 회사와 50명의 헤드헌터가 등록되어 있는데, 사무실에 매일 50명 전원이 출근하는 회사는 어디가 더 좋은 서치펌일까요?

서치펌은 복지기관도 구청 복지과도 아닙니다. 서치펌도 회사이고 이익을 추구하는 기업입니다. 그런데 서치펌에서 신입에게 '공짜로 무엇인가를 제공'해 주기를 기대하고 그런 것을 제공해 준다는 회사를 찾아다니지 마시기 바랍니다. 그런 회사는 없습니다.

스스로 배울 수 있는 회사, 스스로 두 발로 자립할 수 있도록 도와주는 회사, 내가 번 돈 뺏기지 않는 회사를 찾으세요. 도덕적으로 성실하게 열심히 운영하는 좋은 서치펌, 좋은 대표 분들도 많이 있습니다.

직접 발로 뛰면서 본인 스스로 만나 보고 결정하세요.

3-6.
신입 헤드헌터의 자세

미리 말씀 드립니다만 '정답은 없습니다.'

헤드헌터는 시작하는 나이도 다르고, 각자 지나온 사회경력도 천차만 별이고 또한 헤드헌터 업계 자체도 워낙 다양한 분야가 있고, 다양한 고객사가 있고, 서치펌의 규모도 다양하고, 헤드헌터들의 경력도 각각이고 무엇보다 헤드헌터 전체의 수입 분포가 일반적인 통계의 그래프가 아닌 이상한 분포 그래프를 나타내는 직업 집단입니다.

일반적으로 한 집단의 성적이든, 수입이든, 잘난 사람, 못난 사람의 통계 그래프를 보면 좌우 극단은 숫자가 적고, 중간에 두꺼운 분포를 보이는 것이 일반적이지만, 헤드헌터의 경우는 다수의 저수입 집단과 소수의 고수입 집단으로 그것도 평균 수입이 몇 배 이상 차이나는 집단의 구성으로 이루어진 다소 극단적인 분포를 갖기 때문일 것입니다.

　따라서 아래 내용은 참고만 하시고 결국은 본인에게 맞는 그리고 현재 본인이 속한 환경에 맞는 나만의 노하우를 쌓아 가면서 성장하시라는 '교과서적인 뻔한 이야기'를 드릴 수밖에 없다는 변명을 먼저 말씀 드립니다.

　첫째, 기본 실력을 키우기 전에 편법, 요령을 찾으려고 하지 마십시오. 돈 많이 버는 헤드헌터분들, 여러분들보다 이력서 수천, 수만 장 더 많이 본 분들입니다.

　돈 많이 버는 헤드헌터분들, 여러분들보다 면접 안내 메일, 전화 수십, 수백 통 더 보내 본 분들입니다. 돈 많이 버는 헤드헌터분들, 여러분들보다 합격하고 안 간 후보자, 연봉 더 달라고 합격하고 말 바꾸는 후보자 수십 명 더 만나 본 분들입니다. 돈 많이 버는 헤드헌터분들, 여러분들보다 수수료 훨씬 많이 받아 본 분들이고, 수백, 수천만 원 환불도 더 많이 당해 본 분들입니다.

　제가 항상 '양(量)'을 이기는 '질(質)'은 없다는 말씀을 드립니다. 경험이 받쳐 주지 않는 실력(경험)으로 요령과 편법을 '노하우'라는 이름으로 포장한 채 찾으러 다니지 마십시오. 일단 경험을 많이 하신 다음에 '효율'을 찾으십시오.

둘째, 본인의 근무시간을 잘하는 헤드헌터가 아닌, 돈 못 버는 헤드헌터의 근무시간과 비교하지 마십시오. 많은 신입 헤드헌터분들 중에서 평균적으로 볼 때 헤드헌터 시작한 지 6개월쯤 되면, 그리고 연 매출 3천 정도 넘게 되는 시점이 되면 시나브로 출근 시간은 늦어지고, 퇴근 시간은 빨라지고, 사무실에 나오지 않는 날 수는 많아집니다. 한마디로 '헤드헌터의 장점'에 빠르게 익숙해지면서, 즉 게을러집니다.

냉정하게 그 사무실에서 Top 하시는 분들의 근무 시간을 자세히 살펴보세요. 본인보다 먼저 출근하고, 늦게 퇴근하니까 얼마나 더 열심히 일하는지 내 눈에 안 보일 뿐입니다. 그러면서 나보다 수십 배 더 많은 후보자를 합격시켰던 그 사람이 무슨 대단한 '노하우'라도 있는 것처럼 덜 일하고, 많이 벌 수 있는 대단한 방법이라도 있는지 열심히 찾으려고 합니다.

효율적으로 일하는 방법은 있습니다. 그러나 요령과 편법은 없습니다. JD를 남보다 잘 이해하는 사람은 분명히 있습니다. 그건 남들보다 많이 JD를 읽어 보았기 때문입니다. 후보자를 남들보다 잘 찾아내는 사람은 분명히 있습니다. 그건 당연히 더 많이 찾아보았기 때문입니다.

끝으로, 남과 비교하지 마십시오. 헤드헌터는 개인사업자입니다. 당신만의 노하우를 만들어 가는 직업입니다. 남과 비교할 시간에 당신의 과거 방식을 분석하고 어떤 직종 어떤 분야가 당신에게 가장 효율적이고 경쟁력이 있는 분야인지 스스로 찾으면서, 부족한 부분을 보완하기 위한 노력을 기울이면서 단점을 줄여 나가십시오.

야구를 잘하는 학생이 축구가 인기 있다고 축구선수 하겠다고 하지 말라는 의미입니다. 자기가 잘 하는 분야를 찾으시기 바랍니다. PM을 잘하는 사람이 있고(오더를 잘 받는 사람을 말하는 것이 아닙니다. 주변 동료들로부터 co-work을 잘 받는 PM이라는 의미입니다) 서칭을 잘하는 사람이 있습니다(서칭 자체만 잘 한다는 의미가 아닙니다. 돈 되는 확률 높은 JD를 잘 고르는 능력을 가진 사람이라는 의미입니다). 월급쟁이 할 때만큼만 목표에 대한 부담을 스스로 느끼면서 일하십시오. 월급쟁이 때 부장, 임원으로 진급하고자 노력했던 것만큼 노력하십시오.

월급쟁이처럼 일하라는 의미는 다음과 같습니다. 집에 가족이 아프다고 병원 데려간다고, 간병한다고 안 나오는 헤드헌터, 집안 대소사, 경조사가 있다고 출근 안 하는 헤드헌터, 몸이 아프다고 컨디션이 나쁘다고 집에서 재택한다는 헤드헌터들에게 제가 물어보는 한마디가 있습니다.

"당신이 가족의 병원 따라가야 한다고, 간병해야 한다고, 집안 경조사 있다고, 몸이 아프다는 핑계로 결근해도 되는 회사를 다녔습니까?"

월급쟁이처럼 일하라는 의미는 단순히 하루에 몇 시간을 일하라는 의미가 아닙니다. 말 그대로 월급쟁이처럼 일하라는 의미입니다.

**연봉 1억 헤드헌터
그들은 어떻게 일하는가?**

〈신입 헤드헌터에게 드리는 작은 Tip 한 가지〉

그 사무실에서 제일 잘 나가는 Ace헤드헌터 한 명 옆에 붙어서 6개월만 따라다니시는 것도 하나의 방법입니다. 그분의 인성이나 성격은 전혀 중요하지 않습니다. 아무리 무뚝뚝하고 내성적인 사람도 '나 좋다고 따라다니는 사람'을 싫어하지 않습니다. 6개월이면 Ace헤드헌터의 가치관부터 일하는 방식까지 배울 것이 많습니다. 그러는 동안 그 Ace의 오더만 서칭하더라도 기본은 법니다. 그 다음에 홀로서기 해도 됩니다. 어느 새로운 조직에 가더라도 6개월 정도는 인턴 기간, 수습 기간이 있는 것이니까요.

3-7.
헤드헌터 3년 차에
연 매출 1억을 목표로 해야 한다

바로 다음 장에 헤드헌터 일생의 종류라는 내용의 글이 있습니다. 저는 신입 헤드헌터가 들어오면 무조건 늦어도 3년 차에는 연 매출 1억을 목표로 하도록 독려합니다.

헤드헌터는 프리랜서입니다. 호봉도 없고 퇴직금도 없습니다. 유급휴가도 없고 실업수당 대상자도 아닙니다. 국민연금도 본인이 스스로 납부하지 않는 한 강제 납부 대상도 아닙니다. 헤드헌터는 급여생활자에 비해서 최소한 30% 이상은 더 벌고 저축하지 않으면 은퇴 후에 암담한 현실을 맞이할 수 있습니다.

다음 장에서도 다시 말씀 드릴 내용입니다만, 현실은 슬프게도 연 매출 7,000~8,000만 원 정도만 달성하면 만족하는 헤드헌터들이 너무 많이 있습니다. 연 매출 7,000~8,000만 원이라고 해야 서치펌 수수료 30% 공제하고 나면 본인 수중에 들어가는 연 수입은 5,000만 원 남짓한 정도입니다. 40대에 이 정도 실 수입으로 퇴직금도, 국민연금도 없는 프리랜서가 은퇴 후에 어떤 생활을 할지 걱정하지 않을 수 없을뿐더러, 더 깊이 고민하여야 하는 사실은 4, 5년 차가 될수록 '사람은 반복되는 업무에 대해 매너리즘에 빠질 수밖에 없는 존재'라는 사실이고, 이 때문에 4, 5년 차에 매출 5,000만 원을 달성하던 헤드헌터가 갑자기 6, 7년 차에 '무언가 깨달은 바'가 있어서 갑자기 매출이 두 배로 상승하는 '기적'은 실제로는 거의 일어나지 않기 때문입니다.

이 세상에는 뛰어난 재야의 숨은 고수분들이 많이 계십니다. 대한민국에는 분명히 자기 통장에 매년 1억 이상을 벌어 가는 헤드헌터분들이 수백 명 활동하고 있습니다. 혹시 자신이 속한 조직에서 연 수입 1억짜리 헤드헌터가 보이지 않는다고 혹시 자신이 속한 조직에서 연 매출 7,000~8,000만 원만 달성해도 상위 5% 내에 들어간다고, 이 세상의 모든 헤드헌터나 서치펌이 다 그럴 것이라는 오해는 하지 마시기를 부탁드립니다.

연 매출 7,000만 원. 별로 우수한 헤드헌터 아닙니다. 겨우 그 해에 월급쟁이만큼 벌어 갈 뿐이고, 그 대신 호봉도 퇴직금도 없는 프리랜서이기 때문에 실제로는 월급쟁이보다 못 번다는 것이 보다 정확한 의미일 것입니다. 그래서 헤드헌터를 장기적으로 본인의 직업으로 삼고 가족의 생계를 책임지고 싶은 목표가 있는 분이라면 최소한 아무리 늦어도 3년 차에는 매출 1억 이상은 달성하는 것을 목표로 삼고 노력하여야 한다는 의미입니다.

헤드헌터 5년 차에 5,000만 원 매출하던 헤드헌터가 6년 차부터 1억을 달성하는 기적은 거의 일어나지 않습니다. 내가 장래에 어떤 헤드헌터가 되어 있는지, 어떤 헤드헌터로서 살아갈 것인지의 여부는 90% 이상 헤드헌터를 시작하는 처음 3년 안에 결정됩니다.

3-8.
헤드헌터 직업인가? 알바인가?
(왜 집안 간병인은 헤드헌터가 하는가?)

제가 그동안 헤드헌터 및 서치펌 대표를 하면서 만나 본 수 백 명의 헤드헌터들을 통해서 발견하게 된 흥미로운 사실은 상당히 많은 숫자의 헤드헌터들이 집안 식구의 간병을 이유로 장기간 업무를 하지 못하는 경우를 종종 보게 됩니다. 대부분의 경우는 나이든 부모님이 아프신 관계로 간병할 사람이 필요하기 때문에, 또는 배우자나 자식의 경우도 가끔 있습니다. 그리고 그 결과는 불행하게도 실적 부진으로 회사를 떠나시는 분들 또한 많이 발생합니다. 물론 간병을 이유로 업무에 집중하지 못하기 때문에 당연히 당해 연도의 실적은 형편없는 경우가 대부분입니다.

솔직히 저는 잘 이해가 되지 않습니다. 그나마 나이 드신 부모님의 경우는 이해한다고 치더라도 외할아버지 간병 때문에 출근하지 못한다는 헤드헌터도 본 적이 있습니다. 제 궁금증은 이것입니다. 외할아버지께서 아프셔서 간병할 사람이 필요하다면 그 환자의 아들(외삼촌)은? 며느리(외숙모)는 안 계신다는 이야기인가? 또는 그 환자분의 친손자는? 친손녀는? 그 모든 직계가족들이 모두 다 간병을 할 수 있는 여건이 되지 못하기 때문에 헤드헌터 하는 외손자에게까지 간병의 책임이 온다는 뜻인가?

물론 아들과 딸, 친손자, 외손자를 차별하자는 의미가 아닙니다. 그러나 한국 사회에서 한 환자가 간병이 필요할 때 아들, 며느리, 친손자 모두를 제치고 외손자를 부른다는 의미는 외손자가 지금 놀고 있는 사람 취급을 받기 때문인 경우가 더 많을 것입니다. 같은 이유로 내 부모가 간병인이 필요한 상황이 되면 가족들은 우선적으로 헤드헌팅하는 그 사람(아들이든, 딸이든, 혹은 사위이든, 며느리이든)을 찾는 경우가 많습니다. 그 이유는 그 집안에서 헤드헌터는 직업인으로, 서치펌은 직장으로 인정받는 것이 아니고 알바로 취급받기 때문일 것입니다.

한 집안에서 한 명의 헤드헌터가 직업인으로, 서치펌이 직장으로 취급받지 못하고 알바 취급을 받는 데에는 여러 가지 이유가 있을 수 있습니다. 본인이 간병을 하는 입장에서는 당연히 헤드헌터는 프리랜서이므로 시간이 자유로운 사람이기에 어떤 조직에 강제되어 근무하는 사람이 아니기 때문에 헤드헌터인 본인이 간병을 하는 것이 당연하다는 듯이 설명을 합니다. 그러나 실제로 헤드헌터가 간병인의 제일 첫 대상자로 여겨지는 근본적인 이유는, "헤드헌터가 직업인이 아닌 알바 취급을 받는 이유는 헤드헌터로서 돈을 제대로 벌지 못하기 때문입니다."

안타깝게도 간병을 이유로 헤드헌터 업무에 영향을 받는 분들은 평소에도 간병을 하지 않을 때에도, 그리고 죄송스러운 말씀이지만 간병이 끝난 뒤에도 매출이 높은 분들은 거의 없습니다. 간병 때문에 헤드헌터 일을 못하는 것이 아니라, 헤드헌터 일을 제대로 못하기 때문에 당신에게까지 간병의 책임이 주어지는 것입니다. 저희 서치펌에서 연 매출 억 대 이상을 올리는 분들 중에는 간병한다는 이유로 출근하지 않는 분은 안 계십니다.

월급쟁이인 가족보다 돈을 더 많이 버는 헤드헌터에게 간병하라고 등 떠미는 가족 없습니다. 월급쟁이 가족보다 부모님 병원비 더 많이 내는 헤드헌터 자식에게 간병하라고 요구하는 가족은 없습니다. 내가 헤드헌터로서 월급쟁이 시절보다 돈을 더 많이 벌면, 내 아내가 병원에 장기간 입원하는 상황이 발생하더라도 내가 예전에 회사 다닐 때처럼 "간병인을 쓰든, 친정 식구를 부르든 알아서 할 테니, 당신은 회사 잘리지 않게 출근하라."라고 등 떠미는 것처럼, "당신은 회사 출근해서 헤드헌터 일 열심히 해서 병원비 벌어 오라."라고 말하지, 절대 간병하면서 "서치펌 출근하지 말고 내 옆에 있어 달라."라고 말하지 않습니다"

간병뿐 아닙니다. 소소한 집안일부터 하다못해 동사무소 들러 서류 떼는 일, 내 가족이 내게 그런 일을 시키는 이유는 내가 제대로 벌지 못하기 때문입니다. 내가 내 가족에게 아직 헤드헌터라는 일이 직업이 아닌 알바 취급을 받기 때문입니다. 당신이 가족으로부터 직장인으로, 직업인으로 인정을 받는가 못 받는가 여부는 당신 하기 나름입니다.

간병인, 가족 중에 헤드헌터만 해야 하는 일은 아닙니다.

3-9.
헤드헌터는 인생의 2막이 아니다

예전에 자주 쓰던 말입니다. 헤드헌터는 인생의 '제2막'이다.

예전에는 맞는 이야기였을 수 있습니다. 예전 헤드헌터들은 대부분 일정 기간 사회생활을 하고 또한 대부분 자의이든, 타의이든 더 이상 회사 생활을 하기 어려운 입장에 처한 분들이 그 돌파구로서 선택하는 경우가 많이 있었습니다. 그래서 예전에는 헤드헌터를 처음 시작하는 나이가 40대 후반 이상인 경우도 많이 있었습니다. 그러나 최근에 들어서는 여전히 직장에서 은퇴한 후에 헤드헌터를 시작하시는 분들의 비율이 가장 높은 것은 사실입니다만, 그 시작 연령대가 과거에 비해 많이 낮아지고 있고 최근에는 직장 생활 경험이 전혀 없는 또는 10년 미만의 경력을 가진 20대, 30대의 헤드헌터 숫자 또한 과거에 비해서는 많이 늘어나고 있는 추세이기도 합니다.

제가 드리고자 하는 말씀은, 단순히 헤드헌터를 시작하는 나이대가 젊어졌다는 이유 때문에 헤드헌터가 인생 2막이 아니라는 말씀을 드리려는 것이 아니라, 헤드헌터를 인생의 2막이라는 마음가짐으로 접근하는 것이 틀렸다는 말씀을 드리고자 하는 것입니다.

제 글에서 꾸준히 주장하고 있는 내용은, 헤드헌터는 엄연한 하나의 직업이고 할 일이 없어서 마지못해 선택하는 직업이 아니라는 것입니다. 헤드헌터를 통해서 월급쟁이 시절보다 더 많은 수입을 올리는 사람들이 분명히 존재하는데, 이런 분들의 입장에서 과연 헤드헌터가 인생의 2막이고 혹은 마지못해 할 수 없이 선택한 직업이 헤드헌터라는 논리는 절대로 적용되지 않는 이야기입니다.

저는 헤드헌터는 새로운 직업으로서의 선택, 즉 이력서에 자주 등장하는 단어로 표현하자면 '업, 직종 전환'이라고 정의하는 것이 맞다고 생각합니다. 세상이 변하고, 환경이 달라짐에 따라 내가 새로운 직종을 직업으로 선택한 것이 헤드헌터인 것이지, 월급쟁이로서 내 효용가치가 떨어져서 더 이상 월급쟁이를 할 수 없기 때문에 마지못해 선택한 직업이 아니라는 의미입니다.

말장난으로 들리실 수 있을지 몰라도, 이 차이는 엄청난 것입니다. 할 수 없이 마지못해 선택한 직업으로 헤드헌터를 시작한 사람의 목표와 내가 월급쟁이를 더 할 수 있음에도 불구하고 더 나은 미래를 위해 내가 선택한 새로운 직업으로 헤드헌터를 시작한 사람의 목표가 같을 수는 없습니다. 월급쟁이만큼만 또는 월급쟁이보다 조금 덜 벌어도 만족하는 목표를 가지고 시작하는 사람과, 내가 직장 생활을 더 할 수 있음에도 불구하고 더 나은 수입, 직업으로서의 장기적인 미래를 위해 헤드헌터를 선택한 마음가짐을 가진 사람의 목표는 월급쟁이 수입에 만족하지는 않을 것이기 때문입니다.

20대, 30대에 헤드헌터를 시작하는 사람의 숫자가 점점 많아지는 시대, 헤드헌터를 시작하는 나이가 점점 젊어지는 시대, 직장 생활을 할 때보다 더 많은 수입을 벌어 가는 헤드헌터가 많은 시대.

퇴직금도 없고, 호봉 인상도 없고 국민연금 납부도 하지 않는 헤드헌터가 월급쟁이 수준의 수입에 만족하고 인생 2막으로 여기고 살아간다면 100세 시대라는 현대를 살아가는 우리가 헤드헌터를 그만둔 인생 3막에는 무엇으로 먹고 살아갈 것인지 생각하자는 이야기입니다.

매출 7,000만 원에 자기 주머니에 5천만 원 벌어 가면서 인생 2막으로는 나쁘지 않다고 행복한 40대와 일 년에 1억 가까이 벌어 가면서도 자기 주변에 그 이상을 벌어 가는 헤드헌터 십 수명을 바라보면서 더 높은 목표를 세우는 30대가 있다면 여러분은 어떤 마음가짐으로 헤드헌터를 시작하시겠습니까?

매출 7,000~8,000만 원 수준의 헤드헌터가 Ace대접을 받는 서치펌과 연 수입 1억을 달성해도 겸손해야 하는 서치펌이 있다면, 신입 헤드헌터가 배울 수 있는 서치펌은 어디일지 한번 생각해 볼 필요는 있다는 말씀을 드립니다. 그런 이유로 신입 헤드헌터를 시작할 때, 적어도 그 서치펌에 어떤 수준의 헤드헌터들이 있는지, 내가 배울 만한 사람들이 있는지, 한번쯤 따져 보시기를 조언 드립니다.

최근에 박항서 감독 덕분에 우리와 부쩍 가까워진 베트남 축구를 무시하는 것은 아니지만, 만약 당신의 자녀가 축구에 소질이 있어서 축구유학을 보낼 상황이라면 베트남으로 보내시겠습니까, 유럽으로 보내시겠습니까?

스즈키컵 우승에 행복한 서치펌보다는 월드컵 4강 탈락을 억울해 하는 서치펌에서 내가 좀 더 배울 것이 많을 것입니다.

제2부

실전편

연봉 1억 헤드헌터
그들은 어떻게 일하는가?

제4장

PM과
Co-Worker

4-1.
헤드헌터의 유형

그동안 서너 곳의 서치펌에서 직접 헤드헌터로 근무하면서, 그리고 수년째 서치펌의 대표이사를 하면서 비록 몇 백 명의 헤드헌터들을 보아 왔을 뿐이기는 합니다만, 제가 보는 헤드헌터는 크게 다음과 같은 유형으로 나누어 볼 수 있다고 생각합니다.

유형 1) 해 보지도 못하고 그만두는 헤드헌터(일 년 이내 그만두는 헤드헌터)

첫째는 서치펌을 잘못 골라서, 오더가 뭔지 구경도 못 해 보고 포기하는 유형 또는 고참들이 던져 주는 묵은 오더, 나쁜 오더만 서칭하다가 결국 제풀에 지쳐서 포기하는 유형입니다.

여기에 해당되신다고 생각이 드는 분들은 헤드헌터업계 전체를 욕하지 마시고 제가 이 글에서 계속 설명 드리는 것처럼 본인 스스로 발품 팔아서 다른 서치펌도 찾아다녀 보시기를 조언 드립니다. 이런 잘못된 관행에 젖어 있는 서치펌이 많이 있는 것은 슬픈 현실입니다만, 그보다는 합리적이고 공정하게 운영되는 서치펌 또한 많이 있습니다.

둘째는 월급쟁이 할 때는 몰랐던 '본인은 누군가의 통제를 받을 때에만 성실하다는 것'을 비로소 알게 되어, 스스로 자신을 통제하는 프리랜서 업무에 적응하지 못하고 점점 게을러지다가 결국 포기하는 유형입니다.

의외로 많은 분들이 여기에 해당합니다. 헤드헌터 시작할 때 90% 이상은 정말로 열심히 일해 보겠다는 굳은 결심을 가지고 시작하실 것입니다. 그러나 인간이라는 존재는 누군가 외부에서 힘으로 강요하고 감독하지 않는 한, 본인 스스로 자신을 통제하면서 월급쟁이 시절보다 더 열심히 일하는 사람의 숫자는 제 경험으로는 5% 이하입니다.

헤드헌터 시작하는 분들의 적게는 50% 많게는 70% 이상이 이런 유형 1에 해당합니다. 그러면서 이런 분들께서는 평생 헤드헌터에 대해서 잘못된 나쁜 인상을 가진 채 살아가시게 되기도 합니다.

유형 2) 나름 열심히 한다고 노력만 하다가 결국 중도에 포기하는 헤드헌터(일 년쯤 버티다 포기하는 헤드헌터)

첫째는 헤드헌터 이전의 경력이 좋고 자존심이 강하고 나이가 많은 50대 이상의 분들에게서 많이 나타나는 현상으로, 현재의 업무 대상자

(Business Partner, 후보자, 고객사 인사담당자) 세대인 30, 40대의 변화된 가치관에 적응하지 못하고 20~30년 전의 본인만의 가치관에 갇혀 과거의 기준으로 후보자를 바라보고 고객사를 응대함으로, 열심히 노력은 하는데 결과가 뒤따라오지 않는 상황이 계속됨에 따라 결국 포기하게 되는 유형입니다.

요즘 쓰는 표현으로 말씀 드리자면 '꼰대형'으로, 열심히 일은 하는데 합격 성공률이 낮은 분들로 과거의 경력이 좋고, 나이가 많은 분들에게서 종종 나타나는 현상입니다.

둘째는 성격 탓이든 사회생활 경험의 탓이든 정말로 이 업무가 본인과 맞지 않는 분들이 계십니다. 아무리 시간이 흘러도 JD 해석에 어려움을 느끼는 분, 후보자하고 통화할 때마다 진땀을 흘리는 분, 후보자가 약속을 어길 때나 고객사 인사담당자가 말 바꿀 때마다 '극심한 스트레스'를 받는 분들로 지나치게 도덕적 또는 교과서적인 인생관을 가진 분들에게서 나타나는 현상입니다.

제 경험으로 볼 때는, 헤드헌터 시작하는 분들의 적게는 20% 정도의 분들이 이 정도 시기에 중도 포기를 하시는 것 같습니다.

유형 3) 처음에는 잘하다가 결국 몇 년 안에 그만두는 헤드헌터(1, 2년 반짝 하다 포기하는 헤드헌터)

여기서부터 중요합니다.

어렵게 신입시절 일 년 이상을 잘 버티고 70, 80%의 탈락자 시기를 극복하고도 몇 년 지나서 결국 포기하는 경우로 헤드헌터 처음 시작할 때에 영업(PM)만 잘하면 된다는 '잘못 배운 가치관'에 젖어 처음부터 영업에만 집중하다가 서칭을 배울 시간과 기회를 잃어버리고 오직 영업에만 의존하는 방식의 헤드헌팅 업무에만 집중하다가, 결국 주변에서 더 이상 co-work을 받지 못하게 되면서부터 수입은 줄고, 본인은 서칭하는 능력을 갖추지 못하였기 때문에 시간이 흐르면서 양질의 신규 고객사는 늘어나지 않는 상황으로 몰려가면서 결국 포기하게 되는 유형으로, 안타깝게도 지금도 많은 서치펌에서 이런 식으로 신입들을 가르치면서 무능한 서치펌의 오더 갯수를 채우는 데 이용하고 있기도 합니다.

헤드헌터로서 본인이 돈을 많이 벌기 위해서 '본인만의 고객사' '내 거래선'이 필요하다는 데에는 저 또한 절대적으로 동의합니다. 그러나 내가 받은 내 오더를 100% 내가 추천할 수 없다면(서칭능력이 안 된다면) 그 순간부터 나는 헤드헌터가 아닌 그저 브로커에 불과합니다. 헤드헌터는 구인 오더를 받아오는 브로커가 아닙니다. 구인 오더 position에 대응하는 '적합한 후보자'를 추천할 수 있는 능력을 가진 사람이 헤드헌터입니다.

딸랑 이력서 몇 백 장 받아 본 경험으로, 겨우 후보자 10여 명 입사시켜 본 경험으로 마치 헤드헌터 업무를 다 배운 것처럼 착각하고 여기저기 구인 오더 받으러 다니지 마십시오. 남의 오더는 찾다가 힘들어 포기하면 그만입니다만 내가 받은 오더는 찾다가 포기하면 결국 그 고객사가 떨어져 나가고 나는 또 다른 고객사를 찾으러 다니는 신세가 됩니다.

제 글의 다음 장에서도 다시 설명을 드리는 내용입니다만 이런 방법으로는 절대 '좋은 오더'를 만들지 못합니다. 결국 몇 년 동안 나보다 신입, 나보다 경험 없는 사람들을 몇 번 이용해 푼돈만 손에 쥐다가 이 업계에서 사라질 뿐입니다.

물론 내 고객사, 오더를 받기 위한 영업은 중요합니다. 그러나 무엇보다 서칭이 우선입니다. 내가 후보자를 찾을 능력을 갖춘 뒤에 영업을 하셔도 늦지 않습니다.

유형 4) 잘하는데 결국 수명이 제한적인 헤드헌터(짧으면 5년, 길면 7년)=co-work 받는 맛에 취하는 헤드헌터(아주 중요한 내용입니다)

처음에는 서칭도 열심히 하고 남의co-work도 열심히 하고 영업도 열심히 하면서 점진적으로 매출을 늘려 가는 이상적인 형태로 헤드헌터 업무를 발전시켜 나가던 사람이 어느 순간부터 "오더가 많다." "서칭하기 바쁘다."라는 핑계로 포장하면서 단독 서칭하는 비율은 점점 낮아지고, 남에게서 받는 co-work 이력서의 비중이 높아지면서 점점 서칭은 하지 않고 편한 PM 생활에 젖어 시나브로 서칭 감 떨어지다가 내 오더 co-work을 잘해 주던 신입이나 리서처들이 세월이 흐르면서 하나둘씩 자기 고객사가 생겨나면서 내 오더 co-work해 주는 비중이 줄어들고 나는 서칭하는 능력도 떨어지고 여기저기 내 오더 sale하러 다니는 뚜쟁이 되다가 결국 오더 귀한 작은 서치펌 두어 군데를 찾아다니는 메뚜기 헤드헌터 신세가 되다가 결국 5년쯤, 길어야 6, 7년 후에는 업계에서 사라지는 헤드헌터의 경우입니다.

의외로 이런 헤드헌터들이 많습니다. 초반에 잘 나가다가 어느 순간부터 남의 덕에 돈 버는 재미에 빠져서 소위 말하는 '신선놀음에 도끼자루 썩는 줄 모르고 살다가' 자신은 영업에 강점이 있는 PM형 헤드헌터라는 이상한 단어로 자신을 포장(위장)하고 결국은 여기 저기 중소형 서치펌에 다니면서 "저는 오더가 많은 헤드헌터입니다."를 외치다가 결국 포기하거나, 본인이 서치펌 차려서 신입 헤드헌터 모집해서 자기 오더(대표오더) 전담시키려는 노력을 하는 분들입니다. 이런 유형의 헤드헌터분들은 길면 6~7년 정도까지는 버팁니다만, 결국 본인이 서칭하지 못하는 한 몇 년 차이일 뿐 도태하는 것은 마찬가지입니다.

일 년 차 3,000만 원, 2년 차 5,000만 원에서 7,000만 원 그리고 점점 co-work 비중 올라가면서 끝내 1억은 찍어 보지 못한 채 아니면 운 좋은 해에 1억 한 번 찍어 보고는 수년 동안 7,000만 원 수준을 오락가락하다가 4, 5년 차부터 매출이 서서히 떨어지고 결국 5,000만 원 밑으로 가면서 다른 서치펌 알아보는 단계로 퇴보하는 유형입니다.

지금 마음으로는 "그까짓 서칭 남이 안 해 주면 다시 내가 하면 되지."라고 생각하면서 여전히 남의 co-work에 의존하면서 세월 보내는 분들이 많습니다. 오늘 게을러서 내가 두 배 벌어 가는 단독 서칭 안 하시는 당신이 나중에는 "그까짓 서칭을 잘 할 수 있다."라고 믿고 싶을지 몰라

<u>도, 실제로는 지금 못 하면 나중에도 결국 못합니다.</u>

빠르면 3년 차, 늦으면 5년 차에 90% 이상의 헤드헌터는 '서칭매너리즘'에 빠집니다. 이걸 극복하면 10년 차에도 억대 수입을 올리는 헤드헌터가 되는 것이고, 이 고비에서 손에서 서칭을 놓으면 매출은 점점 7,000만 원, 5,000만 원으로 떨어지고 본인은 서치펌 두세 번 옮기고 매출은 점점 3,000만 원대로 떨어지고 그리고 퇴출의 길이 됩니다.

10년 지나도 연봉 1억 이상을 벌어 가는 헤드헌터 그들은 10년 넘은 지금도 서칭하고 있습니다.

유형 5) 오랫동안 장수하면서 진짜 돈 잘 버는 헤드헌터 그리고 단독 계산서 비중 30%, 매출50% 이상을 유지하는 헤드헌터

여기서 잠시 또 한번 숫자놀이 해 보겠습니다. 단독(내 오더를 내가 혼자 찾는 경우) 비중과 co-work 받은 석세스 건수의 비율에 대한 실제 수입의 차이에 대하여 설명을 드리겠습니다.

한 헤드헌터가 10장의 세금계산서를 발행하였는데 그중에서 30%인 3장이 단독으로(본인이 PM하면서 본인이 서칭) 석세스 난 경우이고 70%인 7장이 남의 co-work을 받아서 석세스 난 경우라고 가정하였을 때, 실제 그 헤드헌터의 수입구조를 살펴보겠습니다.

단독으로 석세스 나면 100% 가져가고 co-work으로 석세스 나면

50%를 가져가기 때문에 세금계산서 개수(합격자 수)로는 30% 대 70% 이지만 실제 수입 비중으로 보면 단독은 두 배로 계산하여 60%대 co-work 받아 올린 수입 70%의 비율이 되어야 할 것입니다.

그런데 실제로 내가 PM을 하면서 단독으로 수행하는 오더와 남과 나누어 갖는 co-work으로 수행하는 오더가 동일한 조건, 즉 비슷한 수수료 금액일 경우에 해당되는 계산 방법입니다. 그런데 제가 매년 수백 장의 세금계산서를 발행하면서 확인한 바로는 실제는 대부분 PM이 단독으로 수행하는 오더의 경우는 수수료율이나 수수료 금액이 높은 오더인 경우가 더 많습니다. 즉, 수수료 1,000만 원짜리 오더는 PM이 단독으로 수행하는 경우가 많고, 수수료 600만 원짜리 오더는 co-work을 올린다는 의미입니다.

따라서 이런 식으로 계산하면 외부로 드러나는 석세스 건수의 비율은 30% 대 70%입니다만 단독으로 수행하는 30%의 평균 매출(수수료)액은 1,000만 원이고 co-work으로 수행하는 70%의 평균 매출(수수료)액은 600만 원이 라는 의미이고, co-work은 이 중에서 50%만 PM의 몫이기 때문에 실제 수입 구성은 3건×1,000만 원=3,000만 원 대비 co-work 7건×300만 원(600만 원의 50%)=2,100만 원, 즉 석세스 건수는 단독 대 co-work이 30% 대 70% 이지만, PM의 실제 수입은 3,000만 원 대 2,100만 원, 즉 대략 60% 대 40%이 됩니다.

이게 돈 잘 버는 헤드헌터의 모습입니다. 매년 자기 수입 1억 이상 벌어 가는 헤드헌터입니다. 그리고 이게 자기 고객사가 필요한 진짜 이유이기도 합니다. 단독 석세스 건수 비중으로 30% 이상, 매출 기준으로 50% 이상을 유지하는 헤드헌터가 오래, 많이 버는 헤드헌터입니다.

그 외에 제가 지켜본 잘하는 헤드헌터의 또 다른 유형은 자기 오더는 철저하게 90% 이상 혼자 서칭하고 남의 오더는 매의 눈으로 바라보다 돈 되는, 가성비 높은 오더만 골라서 남의 오더 co-work하면서 억대를 벌어 가시는 분도 계십니다.

또는 반대로 복잡하고 신경 쓰이는 영업이나 PM에는 전혀 관심 없이 오직 좋은 남의 고객사 몇 개에 집중해서 그 오더만(PM은 자기 오더만 전담으로 도와주는 co-worker가 생기면 자동으로 당연하게 그 co-worker에게만 단독으로 자기 오더를 open합니다) 집중해서 searching 하면서 매월 두세 명씩 꾸준히 입사시키면서 co-work만으로 연간 1억을 가져가는 헤드헌터분도 계십니다.

어떤 분들은 co-work만으로 억대 매출이 절대 불가능하다고 말씀하시는 분도 계십니다만, 제가 이 책에서 계속 말씀 드리는 것처럼 "지금까지 본인이 경험한 헤드헌터의 세계가 전부는 아닙니다." 실제로 저희 서치펌에서는 co-work만으로 억대 매출을 올리시는 분들이 계십니다.

다만, 확실하게 말씀 드릴 수 있는 분명한 사실 한 가지는, 연 매출 1억 이상을 꾸준히 올리면서 돈 잘 벌어 가는 헤드헌터들의 공통점은 내 고객사가 있기 때문이기도 하지만 보다 더 중요한 것은 지금도 본인이 searching하고 있기 때문입니다. 본인 수입의 50% 이상을 본인이 직접 sarching해서 찾는 후보자로 벌어 가는 헤드헌터들만이 많이 벌고 오래 살아 남는다는 의미입니다.

오늘 본인의 전체 매출에서 co-work으로 받은 후보자가 아닌 본인 오더를 본인 스스로 단독 서칭한 비율이 숫자로 20%, 매출금액으로 50% 이하인 분들이라면 '냉정하게 객관적으로 자기의 현재 모습을 분석, 판단'해 보시기를 바랍니다.

나는 네 번째 유형의 헤드헌터가 되어 가고 있는 것은 아닌지?

4-2.
PM과 Co-Worker 공생의 관계

헤드헌터를 좀 하다 보면 특히 서치펌 대표를 오래하다 보면 헤드헌터 사이에 발생하는 가장 많은 분쟁의 원인 중의 하나가 'PM과 co-worker 간의 분쟁'입니다. 그리고 아마 그 다음이 헤드헌터 사이의 '서로 자기 고객사라고 주장'하는 고객사에 대한 분쟁 그리고 후보자에 대한 분쟁, 서치펌 대표와의 분쟁 등이 그 순서가 아닐까 싶습니다.

PM과 Co-Worker.
영원한 애증의 관계가 아닐까 싶네요.

아직도 많은 헤드헌터분들이 누가 더 옳은가? 누구의 말이 맞는가? 분쟁이 발생하면 누구 편을 들어야 하는가? 등등을 가지고 논쟁이 있는 내용입니다. 저도 한참 동안 이 문제에 대해서 여러 가지 논리와 이야기를 해 왔던 사람 중의 하나였습니다. 어쩌면 지금도 이 문제에 대한 정답은 아직도 찾고 있는 중일지도 모른다는 생각이 들기도 합니다.

물론 일부 헤드헌터분들 중에는 co-worker의 도움 없이 거의 대부분의 오더를 혼자서 서칭하시는 분들도 계시고, 반대로 PM은 전혀 하지 않으면서 co-work만으로 억대 매출을 올리시는 분들도 계시기는 합니다. 그러나 대부분의 헤드헌터는 어느 쪽의 비중이 더 높은가의 차이는 있을지 몰라도 PM과 co-worker 양쪽의 역할을 다 하시면서 동시에 상대방에 대한 비난도 함께하고 있는 아이러니한 상황이 벌어지고 있습니다.

대부분 헤드헌터가 많은 대형 서치펌의 경우는 PM이 많고 오더가 많이 넘치는 편이고, 헤드헌터의 숫자가 적은 서치펌일수록 오더가 적은 편이고, 큰 회사일수록 PM 사이에 하나의 고객사를 가지고 경쟁(충돌)하는 상황이 발생하는 경우가 많이 있습니다. 규모가 작은 서치펌에서만 근무해 본 헤드헌터분들에게는 다소 낯설게 느껴지는 말이 될지 모르겠습니다만 일정 규모 이상이 되는 서치펌의 경우는 대부분 오더가 많고 서칭 인원이 부족한 경우가 대부분입니다. 그런 이유로 신입에게 처음부터 영업하라고 자기 오더 가져야 돈 번다고 가르치는 서치펌은 가급적 피하라고 말씀을 드리는 것입니다.

여러분이 어떤 환경의 서치펌에서 어떤 환경의 PM 또는 co-worker와 일해 오셨는지 알 수 없지만, 이 책에서 여러분께 드리고자 하는 말씀은 여러분이 경험한 PM이나 co-worker가 '헤드헌터 업계 전체의 PM이나 co-worker의 일반적이고 정형화된 모습의 전부'는 절대 아니라는 점입니다.

PM이나 co-worker는 한 사람이 동시에 두 가지 면을 가질 수도 있는 것이고, 결국에는 사람에 따라 다른 것이지 PM이기 때문에 또는 co-worker이기 때문에 '이런 것이고, 저런 것이라는 결론'을 함부로 내리지 않기를 바랍니다.

PM이 자기가 받아 온 오더를 자기 혼자서 찾아서 합격시키면 수수료의 100%를 자기가 다 가져가는데 그럼에도 불구하고 남의 도움을 받고자 co-work을 요청한다는 의미는 결국 PM 혼자서 그 오더를 수행할 수 있는 능력, 그것이 시간이든, 서칭능력이든, 전문성이든 혹은 다른 무엇 때문이든 무언가 부족하기 때문에 자기가 벌 수 있는 수입의 50%를 나누기로 하면서 타인의 도움을 구하는 것입니다.

일부 PM분들 중에는 마치 자신이 부자 또는 능력이 있는 사람이라서 오더를 받아올 능력이 없는 불쌍한 co-worker들에게 마치 무언가를 베푸는 입장인 것으로 '말도 안 되는 착각'을 하고 사는 분들이 가끔 계십니다. 그런 분들은 몇 년 못 가서 이 업계에서 사라질 분들입니다.

반대로 co-worker의 입장에서 본인 스스로 오더를 받을 능력이 없어서이든 또는 본인이 받아온 오더보다 남의 오더의 수준(질, Quality)이 더 높기 때문이든가 어떤 이유이든 내 노력의 성과가 더 높을 것이라는 가능성 때문에 남의 오더를 받아 서칭을 하는 것입니다.

즉, PM이나 co-worker이나 혼자서 하는 것보다는 협력하는 것이 더 돈이 되기 때문에 서로 협력을 하는 것입니다. 악어와 악어새처럼 서로 공생의 관계라는 의미입니다.

그런데 아직도 대부분의 헤드헌터들이 자신이 PM 쪽의 역할이 높으면 co-worker에 대해서, 자신이 co-work의 비중이 높으면 PM들에 대해서 일방적인 비난이나 요구사항을 늘어 놓는 경우를 종종 보게 됩니다. 항상 드리는 말씀이지만, 여기는 동창회나 복지관이 아닙니다. 돈 벌려고 만나서 모여 있는 집단입니다. 그냥 자기 본인이 아쉬워서 남에게 내 오더를 찾아 달라고 부탁하는 것이고, 내가 아쉬워서 남의 오더 찾겠다고 하는 것입니다.

싸울 일도 없고 욕할 일도 없습니다. PM이 마음에 안 들면 그냥 다른 PM의 오더 찾으면 됩니다. co-worker가 마음에 안 들면 그냥 다른 co-worker하고 일하면 됩니다. 유난히 특정 PM이나 특정 co-worker를 욕하시는 분들을 보면 실제로는 그 서치펌 내에서 본인이 더 많이 욕먹고 계신 경우가 많습니다.

서치펌 내에는 수많은 헤드헌터 동료들이 있습니다. 매일 점심 함께 먹으러 가기 딱 좋은 동료가 있고 소주 한잔하면서 인생 이야기 나누기 좋은 오랜 친구 같은 동료가 있고 내가 co-worker로서 함께 일하고 싶은 PM 하는 동료도 있고 내가 PM으로서 내 오더만 부탁하고 싶은 co-work하는 동료도 있습니다. 여기서 중요한 것은, 이 동료들이 모두 같은 사람이어야 할 이유는 없다는 점입니다. 각각 모두 다른 동료이어도 아무 상관이 없는 것이고, 내 입장에서 각 경우에 맞는 동료와 그때마다 각각 함께하면 되는 것입니다.

제가 좋아하는 한마디 "사람은 고쳐 쓰는 것이 아니라, 골라 쓰는 것이다". 타인을 내게 맞추려고 애쓰지 마시고, 당신과 맞는 사람을 찾아가는 것이 돈 버는 길입니다.

4-3.
PM 잘하는 헤드헌터

PM으로서 실적이 좋은 헤드헌터의 특징을 지켜보면,

첫째, 무조건 PM만 하는 분은 별로 없습니다. 물론 본인이 서칭은 거의 하지 않고 PM만 하는 헤드헌터도 PM을 잘 하는 헤드헌터일 수는 있습니다만, 이런 분들은 전체 매출이 그리 높지 않습니다. 특별히 '팀제'로 운영되는 서치펌이 아닌 경우, 본인은 전혀 서칭하지 않고 영업만 해서 100% co-work만 받아서는 1억을 넘기 어렵습니다. 즉, 첫 번째 특징은 자기가 서칭도 하면서 co-work도 함께 활발하게 받는 분이 많습니다. 물론 좀더 좋은 조건의 오더는 PM 본인이 하는 것은 어쩔 수 없는 자연스러운 현상입니다.

부가적인 설명을 드리자면 본인이 서칭은 전혀 하지 않고 오직 PM만

해서 일 년에 1억의 매출을 올리기 위해서는 그 PM이 가져오는 오더의 질(quality)과 평균 수수료에 따라 다소 차이는 있겠지만 업계 평균인 1건당 700~800만 원[3]을 수수료로 볼 때 연간 30여 명의 후보자를 합격시켜야 1억의 수수료 매출이 가능합니다. 여기에 합격 후 연봉협상 결렬이나 출근 때 말 바꾸는 후보자부터 입사 후 보증기간 내 퇴사자까지 업계 평균 30% 정도의 합격 후 사고율[4]까지 감안하면 매년 최소 40명의 후보자를 합격시켜야 억대 매출이 가능한데, 매월 3명 이상 합격이라면 매월 최소 15건 이상의 면접, 월 100~150건 이상의 이력서를 고객사에 제출하고, 관리하면서 순수하게 co-work만 받아서는 연 매출 1억이 그만큼 어렵다는 의미가 됩니다.

둘째, 그리고 co-work을 올리는 경우 co-work을 올린 position에 대해서는 대부분은 PM 자신은 서칭을 하지 않습니다. 이게 중요한 내용입니다. 실적이 좋은 헤드헌터가 PM을 하면서 본인도 co-work을 요청한 주변 동료 헤드헌터들과 동시에 서칭(경쟁)을 하면 아무래도 co-worker들의 입장에서는 선뜻 그 오더에 집중하기 불편한 점이 분명히 있습니다. 물론 일정 시간이 지나도 후보자 이력서가 접수되지 않으면

---

3 평균 수수료 금액: 최근 3년 동안 저희 서치펌에서의 총 매출액과 1,000명 이상의 합격자 숫자 (발행한 총 세금계산서의 숫자)로 나누어 계산해 본 결과, 합격자 한 명당 평균 수수료금액은 약 7,800,000원 수준이었습니다.

4 합격 후 사고율: 합격통보 받은 뒤에 '연봉협상 결렬' '출근 날짜에 No Show' '출근 후 보증기간 내 퇴사' 등등 수금까지 이루어지지 않는 비율로서 위 평균 수수료 금액의 경우처럼 최근 3년간 1,000명 이상의 합격자 숫자를 기준으로 평균을 계산해 보면 합격 통보를 받은 후 수금까지 이루어지지 않는 비율은 약 28% 수준이었습니다.

연봉 1억 헤드헌터
그들은 어떻게 일하는가?

부득이 본인이 찾는 경우는 예외입니다.

셋째, co-worker에 대해 존중하는 자세를 가집니다. 그런데 이게 말처럼 쉽지 않습니다. 피드백이 확실한 것은 기본이고, 경우에 따라서 본인과 co-worker가 동시에 이력서를 받는 경우 등이 발생하면 무조건 co-worker의 후보자로 인정해 주고, 받은 이력서에 대해서 혹시 속마음으로는 욕하고 이력서를 제출하지 않을지는 몰라도 절대로 대놓고 co-worker에게 후보자에 대한 비판을 잘 하지 않습니다.

넷째, 가장 중요한 사항일 수 있는 내용으로 절대로 co-worker에 대해서 가르치려고 들지 않습니다. 위의 세 번째와 비슷한 내용일 수 있습니다만, 정확한 의미는 헤드헌터로서 실무적으로 잘난 척을 한다는 의미가 아니라 co-worker에 대해서 '인간적'으로 존중을 한다는 의미입니다.

많은 경우에 PM은 경력이 많은 헤드헌터일 가능성이 높고, co-worker는 경력이 짧은 헤드헌터일 확률이 높습니다. 또한 많은 PM분들이 본인이 오더를 받아 왔기 때문에 PM과 co-worker 사이에서는 PM이 약간은 '갑'이라는 생각을 할 때가 많이 있는 것도 사실입니다.

또한 위에 두 번째에 이야기한 것처럼 어떤 PM은 본인도 서칭하면서 co-work을 동시에 요청하기도 하고 조금 심한 경우는 PM이 먼저 서칭을 다 해 보고 마땅한 후보자 없으면 '마치 선심 쓰듯이' co-work을 올리시기도 합니다.

그런데, 여기서 PM하시는 분들이 반드시 알아야 할 부분이 있습니다. 헤드헌터라는 업무의 영역에서는 상대방이 나보다 경력이 부족하고 경험이 짧아서 초반에는 PM이 co-worker를 이용하려고 할 경우 그 상황을 빨리 알아차리지 못할 수 있을지는 몰라도, 어느 정도 시간이 지나면 co-work하는 사람도 이 바닥의 생리에 대해서 금방 이해합니다. 그리고 PM이 아무리 숨기려고 해도 PM이 co-worker에 대해 '공정하지 않았던 경우'는 단지 그 시간이 문제일 뿐 상대방이 반드시 알아냅니다.

결론적으로 성공하는(매출이 높은) PM의 특징은 co-work하는 상대방이 나만큼 머리 좋고, 생각이 깊다는 것을 인정하고 함께 일하는 사람인 경우가 많습니다. 당장의 이익 때문에 자기가 찾은 후보자 이력서 앞장에 올리고, co-worker 후보자는 밑으로 깔고 제출하는 행동, PM이 접촉했던 후보자의 이력서를 co-worker가 받아 오면 '자기가 먼저 접촉한 후보자'라고 우기는 행동, 고객사의 JD 중에서 당락의 결정적인 요인이 되는 정보나 update된 정보는 혼자만 알고 서칭하는 헤드헌터들은 결국 일 년도 못 가서 그 사무실에서 co-work 하나도 받지 못하게 됩니다. 상대를 존중하는 PM이 오래 갑니다. 더불어 사는 PM이 장수합니다.

PM 잘하는 한 가지 TIP

맘에 드는 co-worker를 찾으려고만 하지 말고, 당신이 먼저 가르쳐 주세요. Co-worker에게는 회사 공부 좀 해라, JD 공부 좀 해라, 해당 분야를 모르면 공부 좀 하고 찾아라 등등 요구사항을 이야기할 시간에, co-worker들을 위해서 가르쳐 주는 시간을 쓰세요. Co-worker들은 대부분 신입이거나 경력이 짧은 경우가 많습니다. 그리고 그들은 수많은 오더들이 경쟁하는 환경 속에서 바로 당신의 오더를 찾아 주겠다고 나선 고마운 분들입니다.

왜 떨어졌는지 왜 탈락인지 그 이유까지는 설명해 주지 않아도 좋습니다만, 최소한 서류접수를 할 것인지 아닌지 정도는, 서류심사 결과가 나왔는지 여부 정도는 그리고 무엇보다 처음에 서칭을 시작할 때, 어떤 점에 중점을 두고, 어떤 내용을 관심 가지고 어떤 Tip을 가지고 후보자를 찾아야 하는지 '시간을 내서 도움을 주는 행동'을 조금만 더 해 준다면 co-worker의 효율은 훨씬 올라갈 것입니다.

오더는 많이 있습니다. 리서처도 많이 있습니다. 헤드헌터도 만 명이지만 고객사도 수만 개입니다. 그런데 헤드헌터가 아무리 많아도 내 고객사에 필요한 사람을 맞게 찾아 주는 헤드헌터는 한 명인 것처럼 리서처 co-worker가 아무리 많아도 그 position에 딱 맞는 적합한 후보자를 찾아 주는 co-worker는 한 명입니다.

그리고 가장 중요한 점은, 100% 다 벌어 가는 것 대신에 내가 남의 co-work을 받고자 하는 이유가, 정말로 시간이 없기 때문에 남의 도움을 필요로 하는 것인지, 아니면 편하게 오더 받아 남들이 찾아 주는 후보자 던져 놓고 운이 좋아서 합격자 나오면 50% 벌어 가기 위해서 PM 을 하는지, 먼저 본인 스스로에게 자문해 보는 자세입니다.

4-4.
Searching 잘하는 헤드헌터

먼저, 간단히 요약한 searching 잘하는 방법을 정리하면 일부 내용은 다른 헤드헌터 책에서 소개된 내용과 중복되는 내용이 있을 수도 있고– 그만큼 중요하다는 의미이겠지요– 또한 일부 내용은 헤드헌터에 따라서는 다르게 생각하시는 분이 계실 수도 있을 것입니다. 그러나 이 글의 처음에 말씀 드린 것처럼 헤드헌터 업무에는 정답은 없습니다. 헤드헌터 10,000명 시대에 억대 매출을 꾸준히 올리며 10년 넘게 헤드헌터라는 직업인으로 열심히 살아가시는 분들의 다수가 공통적으로 하는 방법의 정리라고 이해하시기 바랍니다.

메일만 보내지 말고 전화도 하고 또 문자도 보내십시오

전화 통화를 한 후보자가 이력서를 보내올 확률은 메일만 보냈을 때보다 최소 5배 이상 확률이 높습니다. 문자를 보내는 이유는 수많은 다른 헤드헌터들의 전화번호 중에서 당신의 이름과 번호를 기억시키는 효과를 가져옵니다. 후보자와 통화하기를 두려워하는 헤드헌터는 절대 유능한 헤드헌터가 될 수 없습니다.

후보자가 싫어할까 봐, 후보자가 불편해할까 봐, 후보자가 짜증 낼까 봐 걱정하는 핑계는 하지 마세요

Portal에 이력서를 올린 사람들은 직장을 구하겠다고 자기 손으로 온라인에 이력서 올린 사람들입니다. 헤드헌터에게 받는 전화를 불편해하는 구직자는 직장을 구할 자격이 없는 사람입니다. 헤드헌터는 보이스 피싱도, 기획부동산 텔레마케터도 아닙니다. 취업 정보를 제공해 주는 고마운 일을 하는 것이고, 수고비도 회사로부터만 받는 사람들입니다.

참고로 이와 관련한 제 경험 한 가지만 말씀 드린다면 예전에 한 position에 대해서 후보자에게 전화를 했더니 오늘 하루만 헤드헌터에게서 같은 position으로 6번째 전화를 받았다고 하는 후보자를 경험한 적이 있습니다. 그 후보자에게 제가 해 준 말은 "당신이 그만큼 그 position에 적합도가 높다는 의미인 것입니다."

따라서 6통의 헤드헌터에게 전화를 받을 만큼 당신이 지원하면 합격 가능성이 높다는 의미이고, 만약 헤드헌터의 전화를 받는 것이 귀찮고 불편하다면 온라인에서 당신의 이력서를 당장 내리면 되는 것이고 온라인에 당신 스스로 이력서를 올린 이상은 구인 회사에서 전화가 직접 올 가능성은 거의 없고 대부분은 구인 회사의 의뢰를 받은 헤드헌터들에게

연봉 1억 헤드헌터
그들은 어떻게 일하는가?

서 전화가 오는 것이 당연한 것입니다.

그리고, 여기서 또 한 가지 중요한 점은, 그럼에도 6명의 헤드헌터 중에서 내가 그 후보자의 이력서를 받는 헤드헌터가 되는 것입니다.

후보자에게 보내는 제안 메일에 본인을 강하게 '어필'하는 당신만의 문구를 포함하고 제발 복사한 티 좀 내지 마세요

'ctrl+c' 'ctrl+v'. 더 심한 경우는 앞에 보낸 후보자 이름을 그대로 복사해서 메일을 보내는 헤드헌터. 나는 실수라고 변명할 때 메일 받은 후보자는 "성의 없다."라고 이야기합니다. 수많은 헤드헌터로부터 제안 메일을 받는 후보자 입장에서 '왜 당신에게만 이력서를 보내야 하는지' 그 이유를 만들어 주십시오. 잘 모르면 잘하는 고참들 메일 문구를 몰래 보고 베끼기라도 하시기 바랍니다. 그 정도 노력도 안 하면서 남의 이력서 받으려고 하는 것은 지나친 욕심입니다.

단, 여기서 주의할 점 한가지는 후보자에게 본인의 장점을 어필하기 위해서, 헤드헌터 본인의 화려한 학력이나 경력을 포함하여 보내시는 헤드헌터분들도 종종 계신데, 그 방법이 반드시 옳다, 그르다고 말씀 드리기는 어렵겠지만 제 의견으로는 헤드헌터의 구인 제안 메일을 받는 후보자의 입장에서 헤드헌터 개인의 과거 경력이 큰 의미가 있을지 다소 의문이기도 합니다. 자기의 개인 이력을 장황하게 광고하는 방법보다는 후보자의 이력서를 읽고 그 내용 중의 한 줄이라도 내가 그 후보자에게 보내는 메일에 '인용'한다면 그 후보자의 입장에서는 자신에게 관심을 가져주는 헤드헌터라는 인상을 심어 줄 것입니다.

절대 후보자에 대해 미련을 갖지 마십시오(후보자에게 설명은 하되 이력서를 구걸하지는 마시기 바랍니다)

적합한 후보자는 찾으면 반드시 또 나옵니다. 만약 끝까지 안 나오면 다른 position을 찾으면 됩니다. 내가 구걸해서 받은 이력서는 나중에 반드시 문제를 일으킵니다.

이 부분은 별도로 다른 글에서 '후보자에게 감정 이입하지 마라'라는 내용으로 추가 설명을 드릴 예정입니다. 헤드헌터가 후보자의 이력서를 구걸하는 순간 '후보자는 본인의 객관적인 능력'을 과대평가하게 됩니다. 이게 가장 중요한 내용입니다. 헤드헌터는 끝까지 후보자가 본인의 능력(연봉, 처우 등)을 객관적으로 인지할 수 있도록 유지해 주는 것이 가장 중요한 능력입니다.

당신이 사장이면 월급을 줄 만한 사람을 추천하시기 바랍니다

조건만 맞는다고 뽑아 달라고 우기지 마시기 바랍니다. 아무리 좋은 스펙을 가지고 있어도 나이, 공백 기간, 이직 사유 등등 무언가 당신 스스로 납득하기 어려운 점이 있는 후보자는 월급 주는 사람의 입장에서는 더 크게 보이는 법입니다. 조금이라도 이력서에 이상한 부분이나 이해하기 어려운 부분이 있다면 반드시 후보자와 직접 연락하여 '납득할 수 있는 답변'을 듣고 '필요한 만큼' 구인 회사에 알려 주고 이해를 구하는 역할을 하는 것 또한 헤드헌터가 해야 할 역무 중의 하나입니다.

특히 신입 헤드헌터인 경우는 절대로 multitasking 하지 마세요

'A라는 position'을 searching하면서 이력서를 검토하다 발견한 한 후보자의 이력서를 보다 'B라는 position'에 적합한 후보자라고 느낌이 온다고 'A'와 'B' position 두 개를 동시에 찾는 행동은 하지 마시기 바랍니다. 죽도 밥도 안 됩니다.

결국은 안 될 후보자에 너무 많은 시간을 낭비하지 마세요

가능성 없는 후보자 가지고 이력서 보는 데 시간 낭비하지 말고, 통화하는 데 헛수고하지 마세요. 헤드헌터는 시간 싸움입니다. 후보자의 일생이 불쌍하다고 느끼거든, 소설책을 사 읽으면 더 파란만장한 인생 이야기가 많이 있습니다.

한 position 찾다가 중간에 다른 position을 찾기 시작하면 앞에 position은 다시 돌아보지 마세요

중간에 여기 저기 헤매다가 돌아오면 그 사이에 경쟁자가 먼저 다 검토하고 연락하고 훑고 지나간 다음이 됩니다. 한 우물을 파든가, 떠나든가 결정하는 것이 효과적입니다. 한 position에 당신이 놀 동안에도 남들은 그 후보자와 먼저 연락하고 있습니다. 시작했으면 집중하시기 바랍니다. 아니면 며칠 지나서 다시 찾기를 조언 드립니다. 그 사이에 새 이력서는 많이 쌓여 있을 수 있으니.

다른 헤드헌터가 먼저 접촉했어도 얼마든지 당신이 또 설득할 수 있다는 자신감을 가지시기 바랍니다(중요한 내용입니다)

다른 헤드헌터에게 이미 이력서를 제출한 경우만 아니라면, 얼마든지 그 이력서는 내가 받을 수 있는 것입니다. 이 일을 하면서 제가 제일 이해할 수 없는 일 중의 하나가, 많은 헤드헌터분들이 portal을 서칭하면서 색이 변한 이력서, 즉 누군가 먼저 열어 본 것으로 표시되는 이력서인 경우는 지레짐작으로 포기하고 넘어가는 경우를 자주 봅니다. 그러면서 그런 후보자들에게 전화를 하면, 이미 제안을 받았다고 답변하면서 짜증을 낼 가능성이 높기 때문에 연락을 하지 않는다고 합니다.

<u>이미 누군가 연락을 한 것처럼 보이는 이력서의 실제 상황에 대해 한번 살펴봐 드리겠습니다.</u> 물론 누군가 다른 헤드헌터가 먼저 연락해서 이력서를 받기로 하였을 가능성이 가장 높습니다.

그러나,

다른 헤드헌터가 내가 찾는 position이 아닌 다른 position의 후보자로 찾아보았을 가능성,

다른 헤드헌터가 이력서를 읽어 보고 그 헤드헌터의 판단으로는 적합하지 않다고 판단해서 연락을 하지 않았을 가능성(의외로 많습니다),

다른 헤드헌터가 통화는 하지 않고 그냥 메일만 보내 놓았을 가능성(서치펌마다 원칙이나 규정이 다를 수 있지만, 대부분의 업계 규정은 이력서 먼저 받는 헤드헌터가 우선권을 갖습니다),

다른 헤드헌터가 연락을 했지만 후보자가 바쁘거나 혹은 잘 이해를 하지 못해서 이력서 제출을 결심하지 못한 경우(이 또한 의외로 많습니다)가 많습니다.

제가 경험한 바로는 누군가 읽어 본 이력서라 할지라도 내가 다시 연락을 해 보면 해당 position에 대해서 다른 헤드헌터에게 이력서를 먼저 제출하기로 한 경우는 절대로 50%를 넘지 않습니다.

그런데 본인이 취업을 하기 위해서 스스로 portal에 이력서를 올린 구직자에게 혹시 그 구직희망 후보자가 같은 내용의 헤드헌터 전화를 여러 번 받는 것을 불편하게 느낄 것을 헤드헌터인 내가 미리 걱정하고 염려해서 전화하는 것을 피한다면 당신은 돈 잘 버는 헤드헌터가 될 수 없습니다. 아니면 내가 전화했는데 후보자가 미리 연락 받았다고 거절하는 답변이 두려운 것이라면 역시 당신은 돈 잘 버는 헤드헌터가 될 수 없습니다.

다만, 같은 서치펌 내에서 다른 동료 헤드헌터가 미리 연락을 했던 경우는 조금 복잡합니다. 이 경우는 나중에 별도의 책으로 따로 설명을 드릴 기회가 있을지 모르겠습니다만, 이 부분은 사내 경쟁의 한계와 상도의의 한계라는 부분과 단순히 먼저 연락을 했던 것과 그 동료가 이력서를 받기로 약속을 했던 것과의 차이, 먼저 연락한 내용이 전화 통화인지, 메일이나 문자인지 여부 등등 고려할 상황이 너무 많이 있기에 한 줄로 결론을 내어서 말씀 드리기는 여러운 내용입니다.

그러나 어떤 경우이든 업계의 가장 보편적인 원칙은 "후보자의 이력서를 먼저 받은 헤드헌터가 이기는 것입니다."

끝으로, portal안에 반드시 있다는 믿음을 가지기 바랍니다

서치펌에 따라 헤드헌터에 따라 position에 따라 또는 직업군에 따라 다 다르지만, 서치펌 대표의 입장에서 전체적으로 서치펌 전체에서 발행하는 세금계산서 상의 비율로 볼 때, portal에서 찾은 후보자의 비율이 전체 세금계산서의 80% 수준인 것이 객관적인 현실입니다. 회사 데이터 베이스, 개인 데이터 베이스, linked in 등 수많은 다른 경로를 통해서 후보자를 찾을 수 있지만 결국 전체적으로 통계를 내 보면, 아직까지는 portal에서 80% 가까운 후보자들이 나오는 것은 부정할 수 없는 현실입니다.

"이 position은 portal에 없습니다." "내 오더는 portal에서 구하기 어렵습니다." "내 오더는 portal에 떠도는 수준이 아닙니다." 등등의 말씀을 하시는 헤드헌터 분들이 계십니다. 그 분들은 자신의 믿음대로 다른 방식으로 찾으시면 됩니다. 그런데 제가 서치펌 대표로서 매년 수백 명의 후보자 분들에 대한 합격 수수료 청구를 하는 세금계산서를 발행하면서 집계를 해 보면 아직 80% 정도의 후보자가 portal에서 나옵니다.

그리고 Linked In이나 업종별 전문 portal을 이용하는 방법도 반드시 배워 두셔야 합니다. 동시에 각 portal별 확률(가성비)에 대한 객관적인 평가도 함께하셔야 합니다. 가끔 특정 portal에 지나치게 몰입해서 한 site만 집중하시는 분도 계신데, 바람직한 방법이라고 보기에는 무리가 있습니다.

끝까지 찾아보세요. 반드시 나옵니다.

4-5.
Co-Worker가 자주 하는 실수들: 1

신입 헤드헌터이기 때문에 경험이 부족하기 때문에 누구나 실수는 할 수 있습니다. 그런데 아무리 시간이 흘러서 경험이 쌓여도 바뀌지 않는 부분들이 있습니다. 그건 co-worker의 입장에서만 생각을 하기 때문에 발생하는 실수이고 착각인 경우가 많습니다.

그중에서 가장 중요한 '후보자에 감정 이입하지 말기'에 대해 먼저 설명 드리겠습니다.

후보자에게 감정 이입하지 마세요. 그리고 후보자에게 이력서 구걸하지 마세요.

많은 co-worker분들 중에서 후보자의 이력서를 읽는 과정에서 후보자에게 감정 이입을 하는 경우가 많이 있습니다. 한 사람의 개인 역사를 다 들여다보면 story가 없는 사람 없습니다. 그러나 우리는 헤드헌터입니다. 더욱이 채용을 하는 구인 회사에서는 더더욱 후보자 한 사람의 개인사에 대해서는 1%도 관심을 가지지 않습니다.

헤드헌터는 그런 구인 회사를 대신해서 채용대행 업무를 수행하는 직업인이지 후보자를 대변하는 변호사가 아닙니다.

헤드헌터가 후보자에 감정 이입을 하면서 생기는 몇 가지 현상이 있습니다.

<u>첫째, 후보자를 설득하려고 하는 현상으로 이 내용은 후보자에게 이력서를 구걸하는 내용과 동일한 의미도 됩니다.</u>

물론 내가 찾은 후보자가 합격을 해야 내가 수수료를 받습니다. 적합도가 높은 후보자라면 더욱 그 후보자의 이력서가 '돈'으로 보입니다. 그런데 실제로 구인 회사에 취업을 하는 사람은 헤드헌터가 아니라 후보자입니다.

헤드헌터가 아무리 구인 회사가 좋은 회사라고 믿고 있어도 후보자가 싫으면 안 가는 것입니다. 헤드헌터는 후보자에게 구인 회사에 대한 객관적이고 정확한 사실과 정보를 제공하고 그 최종 판단은 후보자 스스로 하게 만들어야 하는 것입니다. 많은 분들이 어렵게 찾은 합격가능성이 높아 보이는 후보자를 만나면 '어떻게든 취업을 시키려는 욕심'에 사실과 다른 즉, 구인 회사에 대한 과도한 장점을 설명한다거나, 구인 회사의 연봉 table 이상의 연봉을 줄 수 있을 것처럼 유도한다거나 직급을 더 올려 줄 수 있는 것처럼 설명하고 '일단 이력서 받고 나서' 나중에 설득해 보겠다는 '황당한 생각'을 하는 헤드헌터들을 종종 보게 됩니다.

여기에 더하여 헤드헌터가 후보자에게 이력서를 받아 보겠다고 '내게 이력서를 보내 달라고 부탁'까지 하게 되면 후보자는 ① 자신의 실제 능력이나 가치보다 자신을 높게 평가하여 나중에 처우협상에서 반드시 문제가 발생하게 되거나 ② 후보자가 이력서를 주는 것이 이력서를 구걸하는 헤드헌터에게 후보자 자신이 큰 은혜라도 베푼 것으로 착각하게 만듦으로써 이후에 면접에서 no-show를 하거나 연봉협상 과정에서 말을 바꾸는 행동을 하면서도 헤드헌터에게 전혀 미안해 하지 않는 현상이 발생합니다.

절대 후보자에게 구걸하지 마십시오. "꼭 가고 싶습니다."라는 후보자만 찾으십시오. 나중에 문제가 발생할 수 있을 가능성이 높습니다.

나중에 문제가 발생하면 co-worker의 입장에서는 그 후보자에게 들인 시간과 노력까지 함께 낭비한 결과가 됩니다. 차라리 처음에 포기하고 다른 후보자를 찾았다면 혹은 끝내 찾지 못했다고 할지라도 결국 가지도 않을 후보자 한 명에게 이력서 받고, 수정하고 제출하고 서류심사 받고 면접 일정 잡고 그 때문에 꼭 가고 싶어하는 다른 후보자들까지 떨어뜨린 다음에 허탕친 결과만 가져옵니다. 처음에 당신이 연봉 6,000만 원 줄 수 있다고 설명한 후보자가 합격하고 연봉 5,500만 원에 입사하는 일은 절대 일어나지 않습니다.

그런데 더 큰 문제는 이게 아닙니다. 많은 co-worker분들이 후보자가 나중에 말을 바꾸면 본인이 피해자인 것으로 생각합니다만, 실제로는 co-worker는 피해자가 아니라 PM과 서치펌에 대한 가해자입니다. 이에 대한 설명은 다음 장 후반부에 후보자에 대한 설명, 「5-9. 말 바꾸는 후보자 누구의 책임인가」에서 좀 더 자세하게 설명드리겠습니다. 분명한 것은 후보자가 말을 바꾸면 그 후보자를 접촉한 co-worker는 피해자가 아니라 가해자라는 사실입니다.

둘째, 후보자의 개인 사정을 들고 와서 PM에게 후보자를 설득하려고 노력하지 마십시오.

누구나 내가 찾은 후보자가 더 예쁘게 보입니다. 당연한 이치입니다. 그러나 이럴수록 헤드헌터는 내 후보자에 대해서 보다 냉정하고 객관적인 시각을 유지하려는 노력을 하여야 합니다.

많은 분들이 자신이 찾은 후보자를 들고 와서 PM을 설득하려고 합니다. 이 후보자가 알고 보니 이런 사정이 있다더라, 비록 영어 점수는 없지만 업무는 볼 수 있다고 하더라, 부모님이 편찮으셔서 부득이한 경력단절이 있었다고 하더라, 첫 회사를 잘못 골라서 월급도 못 받고 잘렸다고 하더라 등등.

　그런데 말입니다. 이런 수고를 하시는 co-worker 헤드헌터분들께서 알아야 할 내용은 당신이 설득시키려고 노력하는 그 PM은 실제로 채용을 결정하는 어떤 권한도 가지고 있지 않습니다. 그리고 당신이 설득하려는 그 어떤 내용도 고객사 채용결정권자에게 전달하는 PM은 단 한 명도 없습니다.

　PM은 채용결정권자가 아닙니다. 자기 후보자를 들고 와서 PM을 설득하려고 하지 마세요. PM에게 자기 후보자 사정이야기 하지 마세요. 후보자에 감정 이입해서 PM 설득하지 마세요. 당신이(co-worker) 아무리 열심히 PM을 설득해도 그 PM이 고객사를 설득하지는 않습니다. 아무 쓸데없는 일입니다. 헤드헌터는 채용대행을 하는 직업이 아닙니다. 소개를 하는 직업입니다.

4-6.
Co-Worker가 자주 하는 실수들: 2

후보자에 대한 감정 이입 내용이 중요한 관계로 앞 장에서 설명드렸고, 나머지 부분은 이번 장에 별도로 정리하겠습니다.

하루에 여러 개 position에 번잡하게 서칭하지 마세요

헤드헌터 10년 차도 한 개의 position에 정말로 좋은 후보자 한 명을 찾으려면 몇 시간 동안 집중해서 서칭해야 합니다. 그런데 경력도 짧은 분들이 하루에 4, 5개 심한 경우는 open되는 모든 position에 기웃거리는 경우가 많습니다. 몇 년 된 경력의 헤드헌터들도 하지 않는 일을 하신다고 의욕만 앞세우지 마시고 하루에 한 개 또는 많아야 두 개 position만 집중하세요.

80점짜리 후보자 여러 명 넣고 왜 떨어졌는지 PM에게 따지지 마세요

반복해서 말씀 드립니다만, PM은 채용 결정권자가 아닙니다. 당신이 PM을 설득한다고 PM이 고객사에 찾아가서 당신을 대신해서 당신 후보자를 광고하고 설득하는 일 절대로 하지 않습니다.

PM도 통과하지 못하는 후보자를 고객사에 보내면 혹시 통과될지도 모른다는 기대는 하지 마세요. 물론 일부 자신이 채용결정권이 있는 것처럼 행동하는 PM도 있습니다. PM이 떨어뜨린 내 후보자가 다른 서치펌 헤드헌터를 통해서 합격한 경우도 가끔 생겨납니다. 물론 무능한 PM도 많이 있습니다. 이럴 때는 별수 없이 다른 PM찾아 다른 사람하고 일하면 됩니다. PM이 아니라고 하면 그냥 잊어버리고 다른 후보자를 더 찾든지 아니면 당신이 PM의 결정을 이해할 수 없다면 다른 PM의 오더를 찾으시면 됩니다.

그러나 혹시라도 서치펌 내의 모든 PM이 다 당신의 마음에 들지 않거나, 맘에 드는 오더를 가진 PM은 전부 성격이 나쁘고 '갑질'한다고 느끼신다면 그건 당신이 틀린 겁니다. 그런 PM, 그런 오더 가지고 남들은 co-work을 잘하고 돈도 벌어 가고 있습니다

당신이 '혹시'라고 생각하는 후보자는 고객사에서 절대로 돈 주고 의뢰해서 뽑지 않습니다. 당신이 "이 사람이다."라고 생각하는 후보자만 보내도 그중에서 경쟁해서 겨우 한 명 살아남습니다.

연봉 높은 position에 서류통과도 못할 후보자 몇 명 채워 넣고 로또 당첨되기를 기다리지 마세요

로또 1등은 하늘이 돕고 조상이 돌봐도 안 되는 겁니다. 연봉 억대의 임원급 position에는 경력 10년 차들도 관심 가집니다. 신입이 그런 터무니없는 경쟁에 뛰어들어 '혹시나' 하는 기대로 헛수고를 하지 마시기 바랍니다. 그런 오더는 나중에 천천히 경력을 쌓고 난 다음에 하셔도 늦지 않습니다. 그 시간에 당신이 놓치고 있는 수많은 연봉 5,000만 원짜리 position들은 다른 헤드헌터들이 찾아서 돈 벌고 있습니다.

Co-work을 잘하는 방법이나 실수를 하지 않는 방법보다 더 중요한 것은 co-work을 하는 마음의 자세일 것입니다. 만약에 당신이 co-worker로서 혹시라도 "나는 ○○○는 마음에 안 들어서 그 PM하고는 co-work을 하지 않는다."라는 말을 하고 있다면 당신은 성공한 헤드헌터가 될 수 없습니다.

Co-worker가 오더나 PM을 선택할 수 있듯이 PM도 역시,

1) 메일이나 JD에 다 적혀진 내용인데도 자꾸 물어보는 co-worker
2) 후보자 이력서 한 장 보내 놓고 어떠냐고 자꾸 물어보는 co-worker
3) 탈락시키면 왜 탈락시켰냐고 따지는 co-worker
4) 아무리 설명해 줘도 계속 80점짜리 후보자 이력서만 주는 co-worker
5) 결과에 대해 뒤에서 PM 뒷담화하는 co-worker

**연봉 1억 헤드헌터
그들은 어떻게 일하는가?**

보다는 내 오더 열심히 찾아 주고, 내 시간 절약해 주는 co-worker에게 더 친절하게 설명하고 나아가서는 그 co-worker에게만 내 PM 오더를 open하는 것은 너무나 당연하고 자연스러운 일입니다.

혹시라도 그 사무실에 다닌 지 일 년이 다 되도록 아무도 내게 개인적으로 단독으로 오더를 의뢰하지 않는다면 그것은 당신이 그 서치펌 안에서 어떤 PM으로부터도 100% 인정받은 co-worker가 아니라는 의미입니다.

그럼 할 수 없이 전체 open된 오더 중에 한두 개 오더에 집중해서 합격자를 내십시오. 합격자를 내면 그 PM이 다음에는 당신에게 한 가지라도 더 알려 줍니다. 그러면 그 다음에는 그 PM과 그 고객사 오더에 좀 더 집중하십시오. 그러면 언젠가는 당신에게만 찾아달라는 오더가 생기게 됩니다.

내 입맛에 맞는 오더만 찾아가면서, 내 맘에 드는 PM을 골라 일하면서 일 년에 7,000만 원 이상 매출 올리시는 co-worker 헤드헌터는 없습니다.

두 명의 PM이 있습니다. PM 'A'는 성격도 나쁘고, 갑질하고 co-worker 무시하고 함께 일하려면 자존심 상합니다. 그런데 이력서를 보내 주면 합격은 잘 시킵니다. 반면 PM 'B'는 성격도 착하고, 인간성도 좋고, 항상 친절하게 피드백 주고 함께 일하기 좋습니다. 그런데 이력서

를 보내 주면 합격을 잘 못 시킵니다. 여러분은 어떤 PM과 함께 일하시
겠습니까?

PM 욕하지 마세요. 그 PM이 내 후보자 이력서 받아서 합격만 시켜
준다면, 아무리 '인간성'이 중요하다고 할지라도 돈 벌어 주고 난 다음
이야기이지, 인간성 아무리 좋아도 내 후보자를 잘 합격시키지 못하는
PM이라면 그냥 커피나 함께 하시면서 친구로 지내시고, 헤드헌터 일은
성격 나쁘고 인간성 별로일지라도 합격자 많이 내는 PM하고 하시는 것
입니다.

내가 유능한 헤드헌터가 되면 고객사 갑질에 끌려 다니지 않고, 오더
구걸하지 않아도 되는 것처럼 내가 유능한 리서처(co-worker)가 되면
PM의 갑질에 끌려 다니지 않고 내 맘에 드는 오더를 골라서 일할 수 있
습니다. 내가 능력이 없어서 남의 오더를 찾고 있기 때문에 PM의 갑질
을 감수하면서 살고 있는가, 아니면 내가 정말로 유능한 searching 능력
을 가지고 있어서 PM들이 내게 오더를 부탁하러 오는 헤드헌터인가를
co-worker의 입장에서 한 번쯤 본인 스스로에게 솔직하게 자문해 볼
내용이 아닐까 합니다.

**연봉 1억 헤드헌터
그들은 어떻게 일하는가?**

4-7.
Co-Work 올리지 말아라

앞에 글에서도 설명드린 것처럼 신입은 영업을 할 필요가 없습니다. 신입에게 영업하라고 내 고객사를 만들라고 강요하는 서치펌은 죄송스러운 말씀이지만 자신들의 무능함을 신입 헤드헌터에게 책임 전가하는 것에 불과합니다.

반복해서 드리는 말씀입니다만 '서칭할 수 있는 능력을 갖추지 못한 헤드헌터'는 아무리 열심히 영업해도 장기적으로 살아남기 어렵습니다. 신입은 신입도 충분히 찾을 수 있는 오더가 넉넉한 서치펌을 골라 시작하면 됩니다. 대한민국에 서치펌 많습니다. 다만, 뒤에 「5-4. 좋은 오더, 나쁜 오더 그리고 쉬운 오더」에서 다시 설명드리겠지만 좋은 오더와 나쁜 오더를 구별할 줄 아는 능력은 신입 때부터 키우시는 것이 중요합니다.

물론, 내 고객사가 있으면 유리합니다. 내가 오더 받아서 내가 혼자 찾아서 후보자 합격시키면 후보자를 찾아 준 co-worker와 50%씩 나누어 갖는 수수료를 내가 100%, 2배 더 가져갈 수 있으니까요. 그러나 내 고객사는 내가 서칭을 잘 할 수 있는 능력을 키운 다음에 필요한 것입니다.

다시 근본적인 질문으로 돌아가 보겠습니다.

왜 헤드헌터를 하십니까? 헤드헌터는 직업으로서 '돈'을 벌기 위해서 하는 것입니다.

그런데 내가 받은 내 오더를 내가 혼자 찾아서 합격시키면 100을 벌 수 있는데 왜 다른 사람에게 후보자를 찾아 달라고 co-work을 부탁해서 그 수입을 반으로 나누려고 할까요? 설마 영업 못하는 동료 헤드헌터와 더불어 살기 위해서는 아닐 것입니다.

많은 분들이 'co-work 올리지 마라'라는 이야기에 의아한 생각을 가지실 것입니다만 내 오더를 co-work 올리는 것은 분명한 이유가 있어야 하기 때문입니다. 내가 영업해서 나 혼자서 찾아서 100을 벌 수 있음에도 내 몫 50을 양보해서 남과 나누겠다는 결정을 할 때에는 <u>그 방법이 돈을 더 많이 버는 방법이라는 분명한 이유가 있을 때에만 논리적으로 맞는 것입니다.</u>

지금부터는 내가 남의 오더를 co-work할 이유가 있는 경우와 내가 내 오더를 co-work 받을 이유가 있는 두 가지 경우로 나누어 생각해 보겠습니다. 이 경우가 아니라면 co-work하지 않는 것이 맞는 일입니다.

첫째, 내가 남의 오더를 co-work하는 경우

단순 계산으로 볼 때, 남의 오더를 서칭해서 내 후보자가 합격하면 50이고 내 오더를 내가 서칭해서 합격시키면 100이므로, 내 고객사의 내 오더 'B'가 남의 오더 'A'에 비해서 50% 이상의 가성비(내 서칭하는 노력 대비 합격 확률)만 있다면 내 오더를 나 혼자 서칭하는 것이 계산상 맞습니다.

따라서 내가 새로 찾은 내 오더가 남의 오더보다 같은 시간의 노력(서칭)을 들였을 때, 합격 가능성(서류심사 통과 후 면접 통과까지)이 50% 이상만 된다면 당연히 내 오더를 개발하고, 찾아서 내가 서칭하는 것이 헤드헌터로서 돈 버는 길입니다.

그러나 대부분의 헤드헌터에게는 내 후보자가 예뻐 보이는 것처럼 내 오더가 객관적인 평가보다 더 예뻐 보입니다. 그러다 보면 내 후보자에 대해서 객관적인 판단이 흐려지는 것과 같이 내 고객사, 내 오더에 대한 객관적인 평가가 어려울 때가 많이 있습니다.

내가 발굴한 내 오더가 검증된 남의 오더보다 최소한 50% 이상의 확률이 있는 오더라고 판단되더라도 한번쯤은 한 발 물러서서 또는 다른 동료 헤드헌터들도 나와 같은 생각을 하는지 한번 확인을 해 보시기 바랍니다.

만약 내 오더가 객관적으로 검증된 남의 오더보다 50% 수준에 미치지 못한다면 과감하게 내 오더를 포기하고 남이 받아온 다른 PM의 오더를 co-work 하는 것이 돈 버는 길입니다. 반면에 내 오더가 검증된 남의 오더보다 50% 이상의 가치(가성비)가 있는 것이 확실하다면 당연히 내 오더는 절대로 co-work 받지 않고 나 혼자 조용히 찾아서 100을 벌어 가는 것입니다.

그리고 검증된 남의 오더에 비해서 50% 이하의 가성비밖에 나오지 않는 오더라면 그런 고객사는 과감하게 버리시면 됩니다. 그런 고객사에 목매면서 내 고객사라고 집착하시는 순간부터 당신은 영원히 억대 매출에 근접하지 못하는 그저 그런 헤드헌터로 지낼 수밖에 없습니다.

물론 내 오더를 내가 찾을 때는 내가 속한 서치펌에서 다른 경쟁 헤드헌터가 없고 남의 오더를 내가 찾을 때에는 같은 서치펌 소속의 다른 동료 헤드헌터들과 경쟁을 하여야 한다는 무시하기 어려운 또 다른 변수가 존재합니다.

그러나 내가 받은 오더가 대한민국에서 '오직 나 하나'라는 단 한 명의 헤드헌터에게만 주어진 독점 오더가 아니라면 결국 다른 서치펌 소속의 헤드헌터들과 경쟁하는 상황은 마찬가지인 것이고, 또한 내가 유능한

co-worker가 되면 내 서치펌 내에서 PM은 나 한 사람에게만 co-work 을 의뢰하게 되는 상황이 되기 때문에 오더의 경쟁 상황에 대한 이야기 는 여기서 논하지 않겠습니다.

제가 가급적이면 제 서치펌의 이야기를 책에 쓰는 것을 주저하는 입 장이기는 합니다만, 제 서치펌에서도 이처럼 사내 오더에 대해서 헤드 헌터가 너무 많아서 서치펌 내 경쟁이 심하다는 불평을 들을 때가 종종 있습니다. 그러나 아이러니한 사실은 그럼에도 불구하고 서치펌 전체 로 open되는 매월 수백 개의 open co-work 오더 중에서 실제 합격자 가 나오는 오더의 비율은 절대 높지 않다는 점입니다. 실제로 매 오더마 다 경쟁이 치열한 것이 사실이라면 각 오더마다 사내 헤드헌터 간 경쟁 이 치열하여 co-worker한 명이 열심히 후보자를 찾더라도 같은 서치펌 내의 다른 동료 co-worker의 후보자가 합격하기 때문에 힘든 것이어야 할 것이기 때문에, 사무실 내에 공개된 오더 전체의 합격 성공률은 높아 야 논리적으로 맞는 이야기일 것입니다만 실제로는 그렇지 않습니다.

바꾸어 말하면 한 오더에 여러 명의 co-worker가 참여하여 경쟁이 높은 것처럼 보인다고 해도 결국 합격하는 후보자는 한 명입니다. 그리 고 그 후보자는 이력서를 많이 받은 헤드헌터의 몫도 아니고, 단 한 명 의 적합한 후보자 그리고 동시에 '취업 의지, 이직 의지가 확실한 후보자 를 찾아낸' 한 명의 헤드헌터의 몫입니다.

더 간단한 예를 들어 말씀 드린다면 co-work하는 헤드헌터들은 사내 경쟁이 치열하다고 불평하는데, PM하는 헤드헌터들은 이력서 못 받아 죽겠다고 불평합니다. 대표의 입장에서는 그냥 웃고 지나갑니다.

둘째, 내 오더를 co-work 받는 경우

정말로 도저히 한 사람의 서칭만으로는 후보자를 찾기 어려운 오더인 경우로 연봉 2, 3억 이상의 S급 후보자 또는 국내에서는 찾기 힘든 최고급 인력이기에 넓은 인맥을 동원해서 찾아야 하는 후보자인 경우에 해당합니다. 그리고 대부분의 서치펌에서 잘하는 헤드헌터들이 co-work을 올리는 경우에 해당하는 내용으로, 짧은 시간 안에 여러 개의 positon에 후보자를 제출하여야 할 정도로 나 혼자서 서칭하기에는 시간적인 물리적인 한계에 맞닥뜨린 경우입니다.

그리고 혹시 이런 경우라도, 본인이 한두 개 정도는 혼자 서칭하겠다는 마음으로 open하지 말고 혼자서 집중해서 서칭하고 나머지 두세 개만 co-work으로 open해서 누군가 적합한 후보자를 찾아주면 다행인 것이고, 아무도 안 찾아 주면 그냥 포기한다는 마음으로 나는 내가 집중하는 오더 한두 개에 전념하고 나머지 오더는 동료를 믿고 진행을 하는 것입니다.

아니면 일 년에 40~50개 position을 관리할 정도로, 매달 수십여 명의 면접을 잡아야 할 정도로 양질의 오더가 많은 경우는 부득이 남의 도움을 받아 co-work을 올려도 되겠지만, 이는 이런 방식으로 매년 연 매출 1억 수준을 꾸준히 달성하는 헤드헌터인 경우에 해당이 되는 이야기입니다.

제가 헤드헌터의 종류라는 글에서 설명드렸던 것처럼 매출 억대 이상의 헤드헌터 분들은 절대로 자기 오더를 100% open하지 않습니다. 자기 오더를 100% open하는 헤드헌터는 절대 길게 그리고 많은 매출 올리지 못합니다. 그저 브로커로 몇 년 헤드헌터 하다가 그만둡니다.

위와 같은 경우가 아니라면, 내 오더 open하고 남의 co-work을 받는 것은 의미가 없는 일입니다. 아니라면, 내가 서칭 능력이 없어서 그저 브로커 헤드헌터 몇 년 하다가 사라질 사람이거나 제가 헤드헌터의 종류에 설명 드렸던 어느덧 서칭 매너리즘에 빠져 본인도 모르게 남의 수고에 편승해서 먹고사는 안락함에 취해서 서서히 퇴출의 길에 들어서고 있는 헤드헌터가 될 위험이 높은 경우입니다.

물론 현실에서는 상당수의 헤드헌터들이 아직 좋은 오더와 나쁜 오더를 정확히 구별하지 못합니다. 그런 까닭으로 아주 영리한(?) 헤드헌터 중에는 가성비 낮은 내 오더는 전체 co-work을 올리고 정작 본인은 가성비 높은 남의 좋은 오더를 서칭하시는 분도 있습니다. 반대로 본인 스스로도 좋은 오더 나쁜 오더 구분도 못하면서 내 오더는 힘들어 보이고 잘 모르는 분야라서 내 오더는 남의 도움을 받겠다고 전체 co-work을 올리고 본인은 쉬워 보이는 남의 오더를 서칭하시는 분도 계십니다.

옳고 그름의 문제는 아닙니다. 정답이 있는 것도 아닙니다. 어떤 방법이든 좋은 후보자만 찾아낼 수 있다면 되는 일입니다만, 그러나 좋은 오더와 나쁜 오더를 구별할 줄 모르면 결국 일 년에 5,000만 원 정도 벌면서 살아가는 그저 그런 헤드헌터로 지낼 뿐, 억대 매출의 헤드헌터가 되기는 어렵습니다.

내 오더가 필요한 이유는 내가 서칭해서 100% 돈을 다 벌어 가기 위함인데, 남의 100% 수준의 오더 'A'를 서칭해서 수수료의 50%를 버는 것을 포기하고, 50% 수준의 내 오더 'B'를 남의 co-work을 받아서 그 수수료의 50%만 벌겠다고 전체 co-work을 올리고 남이 찾아 주는 후보자만 기다리면서 있다면 그 성공 가능성이 얼마일까요? 이는 결국 나는 서칭하는 수고를 하지 않고 남의 손을 빌려서 조금만 벌겠다는 편안한 길로 가겠다는 생각일 뿐입니다. 이것도 아니라면, PM 갑질이라도 한번 해 보고 싶어서일까요?

PM이 좋아 보이시거나, PM이 더 편한 것 같아 보이신다면 자칫, PM 즐기다가 어느 날 헤드헌터가 아닌 브로커가 되어 있는 당신의 모습을 발견하게 될 수도 있습니다.

결론입니다.

위에 설명드린 co-work을 해야 하는 두 가지 경우가 아니라면,

첫째, 헤드헌터 시작해서 처음에는 영업하지 않아야 합니다. 받은

position 대부분에 후보자 나 혼자 다 찾을 정도의 서칭 능력이 우선입니다. 그런 능력이 되기 이전에 내가 찾을 오더가 없다면 오더 많은 다른 서치펌으로 옮기면 됩니다.

내가 고객사로부터 오더 받아도 내가 100% 서칭할 수 있는 능력이 되기 전까지는 아무 의미 없습니다. 내가 받은 오더를 내 스스로 100% 후보자 찾아 이력서 제출할 능력이 없으면 결국 그 고객사는 사라집니다. 내 오더가 아무리 좋아도 지금 내 오더를 co-work하는 헤드헌터는 언젠가는 자기 오더를 찾아 PM이 되어 더 이상 내 오더 co-work을 하지 않게 됩니다.

둘째, 서칭능력이 갖춰지고 영업을 하게되어 내 고객사가 생기게 되면 co-work 올리기 말고 우선적으로는 나 혼자서 서칭하라는 것입니다. 혼자 다 먹을 수 있는 기회를 남과 나누어 먹겠다고 억대 매출 올리는 잘하는 헤드헌터를 흉내 내려 하지 마시기 바랍니다.

내가 헤드헌터를 하는 이유는 돈을 많이 벌기 위해서입니다. 내가 남의 co-work을 하는 것은 돈을 많이 벌기 위해서입니다. 내가 내 오더를 co-work을 올리는 것도 돈을 많이 벌기 위한 목적 외에는 아무런 의미가 없는 것입니다.

4-8.
누가 옳은지 싸우지 말고,
무엇이 옳은지 고민하라

제가 개인적으로 좋아하는 말이고, 당연한 명제이지만 실제로 행동을 실천하기에는 쉽지 않은 이야기입니다.

헤드헌터는 직업이고, 돈을 벌기 위해 하는 일입니다. 그런데 co-work 과정에서 결과가 나쁠 때에 특히 면접이나 면접 후 연봉협상 과정에서 회사나 후보자 어느 한쪽 또는 양쪽 모두의 의사전달 과정에서의 실수 등으로 최종 합격이 되지 못하는 경우, 많은 헤드헌터들이 대표인 제게 그 실패 과정의 시시비비를 가려 달라는 요청을 할 때가 많이 발생합니다. 이런 경우에 제가 종종 이야기하는 말이기도 합니다.

누구의 잘못인지 가려서 바뀌는 것은 아무것도 없습니다. 대표가 시시비비를 가린다고 떨어진 후보자가 합격을 하는 것도 아니고, 잘못한 쪽에서 배상을 하는 것도 아닙니다.

    누구의 잘못인지 알고 고쳐 나가는 것은 중요할 수 있지만, 결국 PM 이 볼 때 co-worker의 잘못이라고 생각한다면 다른 co-worker와 일 하면 되고, co-worker가 생각할 때 PM의 탓이라고 생각한다면 다음 부터는 다른 PM의 오더만 하면 되는 것입니다. 물론 그런 식으로 PM 이나 co-worker를 가려서 일하다 보니 어느날 함께 일할 PM이나 co-worker가 하나도 남지 않았다면, 다시 드리는 말씀이지만 그런 경우는 당신에게 근본적인 원인이 있는 경우입니다.

    그런데 여기서 제가 이야기하고 싶은 내용은, 그 탈락의 원인을 자세 히 들여다보면 대부분의 경우 PM은 회사의 입장을 대변하고 있는 경우 가 많고, 후보자에 대한 배려가 적은 경우가 많고 조금 더 심한 경우는 co-worker보다는 본인의 입장을 더 많이 생각해서 발생하는 경우가 많 습니다. 반면에 co-worker의 경우는 후보자의 입장을 대변하고 있는 경우가 많고, 고객사의 입장을 고려하지 않는 경우가 많고, 조금 더 심 한 경우는 PM보다는 본인의 입장을 더 많이 생각해서 발생하는 경우가 많습니다.
    그리고 불합격이 되면 서로에게 그 책임을 묻는 논쟁이 시작됩니다.

    다시 물어봅니다.

    면접이나 연봉협상 과정에 PM과 co-worker서로는 회사와 후보자가 서로 대립하는 상황이라는 틀 안에서 PM과 co-worker도 서로 주도권 싸움을 한 것은 아니었는지, 즉 회사와 후보자 사이에 서로 연봉을 덜 주고, 더 받기 위한 힘겨루기를 하는 과정에서 '최종 합격'이라는 하나의 목표를 위해 한 서치펌 소속의 협력하는 두 명의 헤드헌터의 입장에서 회사와 후보자를 상대한 것인지, 아니면 PM과 co-worker는 각자 고객 사와 후보자의 입장에서 서로를 대상으로 대변인의 입장에서 대신 힘겨 루기를 했던 것은 아닌지.

대단히 중요한 차이입니다. 많은 경우에, 최종 연봉협상 과정에서 결렬되는 경우를 보면 PM은 회사를 대변하면서 후보자를 비난하는 경우가 많고, co-worker는 후보자를 대신해서 구인 회사의 잘못을 지적하는 경우가 많습니다.

그래서 경험 많은 PM은 면접 일정이 잡히고 나면 co-worker의 양해를 구하고 후보자를 직접 상대하는 경우가 많습니다. 한 명의 후보자에 대해서 '입사'라는 최종 목표를 위해 한 명의 중재자(헤드헌터)가 회사와 후보자 양쪽의 중간에 위치하는 것이 더 효과적이고 불필요한 오해가 생기는 것을 방지할 수 있기 때문입니다. 그리고 이런 경우가 최종 입사 확률이 더 높습니다.

다만, 아쉽게도 아직도 충분한 신뢰와 도덕성을 갖추지 못한 일부 헤드헌터들이 있기 때문에 후보자의 연락처나 고객사의 연락처를 서로 공개하는 것에 대하여 염려를 하는 현상을 부정할 수 없습니다만-서치펌

내에서 '공정한 경쟁'이 보장되는 환경의 사무실이라면- 큰 그림에서 장기적인 관점으로 볼 때-특별히 경험이 부족한 PM만 아니라면- 면접 시점이 되면 co-worker는 후보자의 연락처를 PM에게 넘겨주고 PM이 후보자를 직접 상대하도록 하는 것이 더 '최종 합격'과 이후 '연봉협상 등을 잘 마무리하고 최종적으로 입사'하는 가능성이 높아집니다.

합격 후 연봉협상을 하는 단계가 되면 PM은 먼저 회사가 무리한 요구를 하는지 객관적으로 판단하는 노력이 필요하고, co-worker는 후보자가 말을 바꾸거나 후보자의 요구가 합리적인지 객관적으로 판단하는 노력이 필요합니다. 그러고 나면, PM과 co-worker는 '최종 입사'라는 하나의 목적을 갖는 한 팀이 되어야 합니다.

나중에 '누가 옳았는지 싸우는' 무의미한 일을 하지 않기 위해서는 지금 '무엇이 옳은 일인지 고민'하시기 바랍니다. 헤드헌터에게는 '후보자의 최종 합격 후 출근'만이 옳은 일입니다.

제5장

구인 회사, 오더 그리고 후보자

5-1.
구인 회사에게
헤드헌터는 왜 필요한가

여러 번 말씀 드리게 됩니다만 국내 헤드헌터의 숫자는 약 10,000명 정도로 추측합니다. 그리고 그중에서 제대로 헤드헌터 업무를 직업으로서 일하고 계시는 숫자는 많아도 5,000명이 넘지 않을 것입니다.

그러면 국내에 회사의 숫자는 얼마만큼인지 알아보면, 5년 마다 시행하는 경제총조사의 최근 2015년도를 기준으로 조사된 숫자를 보면, 회사법인이 524,190개, 회사 이외 법인이 118,407개, 개인사업자가 3,104,939개, 비법인 단체가 126,631개라고 합니다.

간단히 말씀 드려서 회사법인의 숫자만 대략 50만 개쯤 됩니다. 단순하게 전체 회사법인 중에서 아무리 적게 잡아도 10%인 5만 개 회사는 누군가를 채용하여야 하는 회사일 것이라는 의미이고, 이는 헤드헌터의 잠재 고객사의 숫자는 5만 개, 전체 헤드헌터 숫자의 5배, 10배라는 의미입니다.

여러분께서 알고 계신 회사의 숫자가 몇 개인가요? 여러분이 매번 기존 헤드헌터와 고객사가 중복된다고 다툼을 갖는 이유가 무엇일까요? 온라인 portal에 올라오는 채용공고 숫지가 몇 개인지 세어 보셨는지요? 이래도 아직 오더가 없다고 생각하시는지요? 이래도 아직 한 개의 고객사를 가지고 다툴 이유가 있는지요?

업력 20여 년에 직원 수 100여 명에 매출 300억 규모의 지방 중소기업의 경우 우수한 경력직 직원을 채용하기는 많이 어려운 것이 현실입니다. 조금만 자세히 살펴보더라도 아주 우수하고 튼튼한 강소기업이 많이 있습니다. 그런데 이런 회사들이 온라인 portal이나 신문에 공채공고를 아무리 내어 보아도 좋은 후보자가 지원을 하지 않습니다.

이런 회사들의 경우, 온라인 portal에 공개모집을 통한 구인을 하려면 당장 다음의 두 가지 문제가 발생합니다.

첫째는 조건에 전혀 맞지 않는 후보자가 지원하는 숫자가 너무 많다는 것입니다. 대졸, 5년 경력의 기계설계 대리급을 채용공고 올리면 신입, 1, 2년 차는 물론, 10년 이상 된 과장급 지원자부터 50대 이상의 부장급 지원자까지 그리고 기계설계 경력직 채용하는 자리에, 국문과, 영문과는 물론 성악과, 불교학과 출신까지 지원하면서 자기소개서에는 "시켜 주시면 무슨 일이든 열심히 하겠습니다."라고 써서 지원하는 숫자가 적게 보면 90% 많으면 95% 이상인 것이 온라인을 통한 공개모집을 할 때, 현재 대한민국 중소기업의 현실입니다.

둘째는 구인 회사에 대한 공개된 정보가 부족하기 때문에 후보자들이 적합한 position이 있음에도 그 정보를 접할 기회 자체가 제한된다는 것입니다. 대형 portal에 모집공고를 올린다고 해도 그 수많은 구인공고 중에서 상대적으로 작은 회사일수록 지원자의 눈길을 잡을 기회가 적어진다는 의미입니다.

셋째로, 요즘 대형 portal들에서 수없이 광고하는 빅 데이터 분석을 통한 job matching system이라는 것이 있습니다. 그런데 헤드헌터를 조금이라도 해 보신 분들이면 누구나 알 수 있는 것처럼 portal에서 조건이 맞는 후보자라고 인공지능이 추천해 주는 후보자를 받아 보시면 몇 퍼센트나 조건에 맞는 후보자가 있던가요?

잠시만 이야기를 옆길로 좀 어긋나 보겠습니다. 최근에 대형 portal 등에서 TV광고비를 써가면서 빅 데이터 분석을 통한 인공지능이 job position과 후보자를 연결시켜 주는 서비스를 제공한다고 대대적으로 광고를 합니다. 그런데 이게 참 아이러니한 것이, portal에 등록된 후보자들의 이력서라는 개인정보를 돈 한 푼 안 받고 사용하는 portal 운영사에서 그 공짜 data를 헤드헌터들에게는 건당 수백 원의 정보사용료를 받아 가면서 수익을 챙기고 있는데, 더 이상한 것은 그러한 공짜로 얻은 개인정보를 그 후보자들의 일자리를 찾아 주는 헤드헌터들에게는 돈을 받아 가면서 팔고 있으면서 정작 TV 광고는 그 헤드헌터들의 일자리를 없애는 행위, 즉 후보자와 구인 회사를 portal 운영회사가 직접 연결시켜 준다는 것을 광고하고 있습니다.

그러면서 그런 늘어난 TV 광고비용 때문에 자기 업무영역이 침해당하는 헤드헌터들에게는 후보자의 정보를 열람하는 비용을 더 올려 받겠다고 하는 것이 현재의 현실이기도 합니다. 지금의 현실이 너무 아이러니하기에 잠시 옆길로 빠졌습니다.

그러나 이러한 빅 데이터 분석을 통한 AI(인공지능)이 연결을 시켜 주는 방식에는 결정적인 한계가 존재합니다. 사실 개인적으로는 portal 운영 회사의 기획자나 경영진에서 그리고 구인 회사 쪽에서도 이 사실을 빨리 인지하는 것이 좋을 것이라는 개인적인 의견을 가지고 있습니다.

한 개의 job position에 맞는 후보자의 조건은 그렇게 단순하지가 않습니다. 단순히 기능적 측면으로만 어떤 기능을 몇 년의 경력을 가진 후보자라고 정의한다고 해서 삼성전자에서 찾는 반도체 장비 기술자와 삼성전자의 2차 하청업체에서 찾는 후보자가 같을 수가 없는 것과 같은 이치이고, 아무리 법으로 나이, 성별, 학력에 제한을 두지 말라고 하여도 중소기업의 경우는 그런 채용을 할 수도 할 이유도 없고 나아가서는 너무 조건이 좋은 후보자는 연봉을 맞춰 줄 수가 없기 때문에 '단순히 기능과 경력의 연차'만으로 한 사람을 평가하고 채용을 결정할 수 있는 것이 아니기 때문입니다.

　그러나 무엇보다 가장 근본적인 원인은, 실제로 기초 정보를 입력하는 존재가 바로 사람이라는 것입니다. 이론적으로 빅 데이터는 그 기초 정보를 사람이 입력하는 것이 아닙니다. 사람이 일상 생활을 통해서 살아가면서 발생하는 자연스러운 데이터 예를 들어 제가 한 달 동안 사용하는 카드나 결제 내역, 일 년 동안 사 입는 옷의 종류나 금액, 연봉 대비 지출 규모 등등을 취합하여 수십 개가 아니라 수만, 수백만 개의 데이터를 취합한 뒤에 분석하고 그에 따른 결과를 추론하는 것입니다.

　그런데 채용하여야 하는 딱 한 사람의 조건을 찾는데 그 근본이 되는 기초 정보를 바로 구직자 본인이라는 사람이 입력하는 데이터를 가지고 (이건 절대 빅 데이터가 될 수도 없고, 빅 데이터라고 말할 수도 없는 자료입니다) 단순히 10개 조건 중에 7개가 일치하면 70% 이상의 적합도가 있다고 결론 내리고, 35살 과장을 뽑는 중소기업 인사과에 42살 대리를 추천하고, 연봉 5,000만 원 position의 중소기업 설계실 과장자리에 현재 연봉 7,000만 원 받고 있는 글로벌 대기업 연구소 대리를 추천하는 일이 발생하는 것입니다.

　더 황당한 일은 회계업무 경력자라고 조건을 넣으면 PC방 알바생도 PC방에서 돈 받고 카운터에서 업무를 보았다고 기록한 이력서가 검색되어 나오고, 할인마트에서 경리 일 년 본 경력자가 ERP전문가라고 이력서에 쓰고, PC방 사장을 해 본 경력을 대표이사 경력을 가지고 있다고 우기는 것을, 이세돌을 이긴 알파고조차도 걸러내지 못한다는 점입니다.

한 말씀만 더 드린다면 실제로 온라인에 올라와 있는 이력서 중에 진실을 100이라고 말할 때에 그 이력서들의 '평균 진실점수'는 얼마일까요? 현직 헤드헌터로서 말씀 드리자면 아무리 높게 인정해 준다고 할시라도 아마도 70점을 넘지는 못할 것입니다.

이러한 부정확한 데이터를 기초로, 수많은 변수가 모여서 한 명의 후보자가 보여지는데 이를 확인하고 검증하는 단계(이 단계가 바로 헤드헌터가 하는 일입니다)를 거치지 않고, 단순히 인공지능이 정량적인 적합도의 점수만으로 구인 회사와 구직자를 연결하여 채용이 일어나는 일은 그리 쉽게 일어나지 않습니다.

헤드헌터는 존재하지 않는 사람을 찾아 드리는 직업은 아닙니다. 헤드헌터는 조건에 맞는 사람을 만들어 내는 직업은 더더욱 아닙니다. 헤드헌터는 조건에 맞는 후보자를 몇 백 명을 주머니에 넣고 다니면서 꺼내서 보여 드리는 직업도 아닙니다. 그러나 구인 회사에서 그 회사와 필요한 position에 대한 객관적이고 정확한 정보를 잘 설명해 주면 그 정보를 가지고 일자리를 찾는 수많은 잠재적인 구직자들과 일일이 연락하고 그 정보를 제공하고 그중에서 '구인 회사에 지원 의사가 있는 자격요건을 갖춘 후보자들을 일일이 검증하고, 복수로 추천 드리는 일'을 하는 직업입니다. 그리고 그 수고의 대가로 수수료를 받는 직업입니다.

나는 내 회사를 잘 알고 있습니다. 그러나 남들은 모릅니다. 누군가는 그 정보를 널리 알려서 자격을 갖춘 적합한 구직자가 내 회사에 대한 지원 의사를 갖도록 연결 고리를 만들어 주어야 하는 것입니다. 사장이 직접 할 수도 있습니다. 인사담당 직원이 직접 할 수도 있습니다. 그러나 다음 장의 인하우스 헤드헌터는 왜 실패하는가라는 글에서 다시 설명을 드리겠지만, 그래도 전문적으로 이러한 업무를 대행하는 헤드헌터를 이용하시는 것이 비용적이나 효율적인 측면에서 훨씬 이익이기 때문에 많은 회사들이 서치펌을 사용하고 있는 것입니다. 아마도 사람이 100% 진실되지 않는 한, 헤드헌터라는 직업은 쉽게 없어지지는 않을 것입니다.

5-2.
인하우스 헤드헌터는 왜 실패하는가

많은 수의 기업에서 처음에 헤드헌터(서치펌)를 사용하기 시작하고 나서 '잘못된 방향'으로 한두 번 지나가게 되는 현상은 「5-3. 구인 회사의 오해와 착각」이라는 다음 글에서 별도로 설명을 드릴 예정입니다. 여기서는 그 단계 중의 하나인 인하우스 헤드헌팅에 대해서 별도로 이야기해 보고자 합니다.

외부의 서치펌을 통해서 채용을 의뢰하다가 그 비용이 어느 수준 이상이 올라가고 나면 사장님은 그 정도 비용이 지출된다면 차라리 내 회사에 정규직 직원으로 헤드헌터를 고용해서 '채용업무'만 전담시킨다면 더 효율적일 것이라는 생각을 하시게 됩니다. 그러면 그동안 거래하던 헤드헌터에게 자기네 회사로 취업을 하라고 제안하기도 하고 또 경우에 따라서는 "헤드헌터 경력자"를 모집하는 공고를 내는 회사도 종종 보게 됩니다.

결론만 먼저 말씀 드리겠습니다.

어떤 헤드헌터 분들은 인하우스 헤드헌팅이 추세라고까지 말씀하시는 분도 있습니다만, 저는 아직까지 인하우스 헤드헌팅으로 성공한 회사를 거의 본 적이 없습니다.

물론 지금도 이러한 실패 과정을 답습하고 계신 수많은 회사가 존재합니다만, 다음에 설명 드리는 '합리적이고 실질적인 이유'들 때문에 대부분의 회사는 다시 서치펌과 헤드헌터를 찾게 됩니다.

첫째, 경력직 채용만 담당하라고 헤드헌터 출신 또는 한 사람의 인사담당자를 선정해서 하루 종일 온라인 portal site를 뒤진다고 가정하더라도, 한 기업의 인사팀에 속한 월급쟁이가 일반 헤드헌터들과 같이 '경력직 채용을 위한 portal 서칭만 하면서 하루 종일을 근무하는 것'이 불가능합니다.

같은 인사팀에서 교육, 평가, 보상 업무를 수행하는 다른 동료들이 "당신은 헤드헌팅 업무만 하니까 다른 업무는 하지 않아도 된다."라고 하루종일 독립된 서칭 시간을 보장해 주는 것이 가능할까요? 경력직 서칭만 하라고 담당자 지정해도 결국 다른 인사업무에 치여 전문적인 헤드헌터들처럼 서칭만 하는 것이 불가능합니다. 그것이 가능하다면 외부에서 헤드헌터 경력자를 또 채용할 필요 없이 기존에 있는 직원 중에 또는 신입 인사팀 직원을 뽑아서 그 업무만 전담시키면 되는 것이겠지요.

둘째, 비용적 측면에서 한 회사가 일 년에 헤드헌터 비용으로 1억 원을 지출한다고 가정하면, 대충 계산하면 10명 전, 후의 인원을 채용하는 결과일 것입니다. 여기서 1억 원의 비용과 한 사람의 인사팀 정규직 인원의 인건비를 비교하면 단순히 산술적인 계산으로는 당연히 내 회사에 전담 인원을 두고 채용을 전담시키는 것이 비용적으로 유리한 것으로 보입니다. 그런데 10명의 경력직을 채용하기 위해서 실제로는 대한민국의 몇 명의 헤드헌터가 몇 시간을 투자하여야 하는지 간단히 계산해 보겠습니다.

10명의 경력직을 채용하려면 최소한 3배수인 30여 명의 후보자를 면접을 보아야 할 것이고, 30여 명의 면접 대상자를 선정하려면 아무리 낮추어 잡아도 최소한 100명 평균 200명 정도의 이력서를 받아 보아야 할 것입니다. 그러면 헤드헌터들은 이 200명의 후보자 이력서를 고객사가 받아 볼 때까지는 몇 장의 이력서를 받아야 할까요? 아니 몇 명의 후보자들과 접촉을 하여야 할까요? 3배수만 계산해도 600명 5배수만 계산해도 1,000명입니다. 그러면 600명이나 1,000명의 후보자를 접촉하기 위해서는 몇 명의 이력서를 검토하여야 할까요? 10배수만 계산해도 최소한 10,000명의 이력서를 뒤져야만 일 년에 10개 position에 10명의 합격자를 낼 수 있는 것입니다.

비용을 지불하는 구인 회사는 10명 채용=1억 원으로 계산합니다. 그 10명 채용 뒤에 숨겨진 10,000장 이상의 이력서는 보이지 않기 때문에 내가 사람 한 명 뽑아서 채용만 전담시키면 일 년에 몇천만 원을 절약할 수 있다고 생각하게 되는 것입니다.

구인 회사 인사팀의 담당자는 한 개의 position에 단 세 명의 헤드헌터만 상대하고 합격자가 나온 한 명의 헤드헌터에게만 비용을 지불하는 동안에, 합격자를 내지 못한 나머지 두 명의 헤드헌터 그리고 그 두 명의 헤드헌터 뒤에 함께 일한 수 십여 명의 헤드헌터들은 그들의 수고와 노력의 대가를 단 한 푼도 보상받지 못하고 있습니다. 어떤 방법이 더 경제적이고 효율적인 방법인지 더 설명드리지 않겠습니다.

셋째, 후보자에게 헤드헌터가 전화해도 자기가 전화를 받았다는 이유만으로 자신의 객관적인 가치를 높게 생각하는(착각하는) 후보자들이 많은데 하물며 구인 회사의 인사담당자가 직접 전화를 걸어서 "나는 A기업의 채용담당자인데 온라인에 올라온 귀하의 이력서를 보고 당신이 우리 회사에 맞는 것 같아서 이력서를 달라."라고 말할 때 후보자의 반응이 어떨지 생각해 보시기 바랍니다. 더욱이 그 회사가 별로 크지도 유명하지도 않은 중소기업이라면 아마 그 순간 그 후보자는 본인이 류현진이나 손흥민쯤 된다고 생각하게 될 것입니다. 헤드헌팅을 일 년만 해 본 분이라면 충분히 상황을 짐작하실 수 있는 일입니다.

끝으로 같은 업종에서 경쟁사에 근무하는 현재 재직중인 사람에게 구인 회사에서 직접 연락하시는 경우에는 자칫 법적 문제가 야기될 수도 있습니다. 그런 위험까지 무릅쓰고 돈 몇백만 원 절약하자고 헤드헌터 대신에 기업 인사팀에서 직접 후보자를 접촉하는 위험을 감수하지는 않습니다.

더 이상 인하우스 헤드헌팅 때문에 걱정하시는 일은 없으시기 바랍니다. 결국은 90% 이상 다시 서치펌을 찾게 됩니다. 따라서 인하우스 헤드헌팅과 헤드헌터 시장의 미래는 아무 상관이 없고, 노가다 직업은 아무리 기업환경이 바뀌어도 없어지지 않는 직업입니다. 다만, 그 직업 사이에 경쟁은 좀 더 치열해질 가능성이 높을 뿐입니다.

5-3.
구인 회사의 오해

구인 회사에서 헤드헌터, 서치펌이 필요한 이유와 인하우스 헤드헌터가 성공하기 어려운 이유에 대해서는 이미 앞에 장에서 설명을 드렸기에, 여기서는 그 외에 구인 회사(고객사)에서 자주 나타나는 헤드헌터와 서치펌에 대한 오해에 관한 말씀을 드려보고자 합니다.

오너의 마음은 삼성그룹인데, 현실은 삼성상회

무슨 의미인지 쉽게 이해가 되실 것입니다. 특히 자수성가한 오너의 마음은 대기업 총수와 비슷하다고까지 할 수 있습니다. 그리고 저 또한 그분들을 존경하고 그런 분들의 마음에 충분히 동의합니다. 다만, 문제는 지원하는 후보자의 마음은 그럴 수 없다는 점입니다. 구직자는 그 회사의 주주가 되기를 바라는 사람들이 아닙니다. 그 회사에서 월급을 받기를 바라는 사람들입니다. 구직자는 오너의 과거나 회사의 내재가치보다는 현재 지급하는 연봉 테이블과 회사의 영속성, 성장 가능성에만 관심이 있다는 점을 이해하여야 합니다.

연 매출 1,000억인 회사에서 글로벌 대기업과 동일한 수준의 직원을 채용하고자 한다면, 구직자의 입장에서 볼 때는 글로벌 대기업보다 더 많은 월급을 줄 때에만 지원합니다. 같은 연봉이라면 글로벌 대기업에 취업하지, 매출 1,000억의 중소기업에 취업하지 않기 때문입니다. 그런데 한 명의 우수한 인재를 채용하려면 기존에 근무하던 직원들과의 연봉 차이를 해결하여야 합니다. 한 명의 우수한 인재를 채용하기 위해서는 기존조직의 연봉 테이블을 파괴하여야 합니다.

그래서 중소기업 오너분들을 만나서 상담을 할 때, 말씀 드릴 수밖에 없는 안타까운 현실은 한 명의 우수한 인재를 채용하는 것보다 차라리 지금 있는 직원들의 급여를 인상하고 그들의 능력을 더 끌어내는 단계를 먼저 고민하시라는 말씀을 드리게 되는 것입니다.

스타트업 회사의 경우나, 완전한 연봉제를 시행하는 회사가 아니라면 중소기업에서 우수한 인재를 채용하는 것은 그만큼 어려운 일입니다.

거래하는 서치펌의 숫자가 많을수록 좋은가?

어떤 회사는 10개의 서치펌을 불러 보아서 JD설명회를 하는 구인 회사도 있고, 어떤 회사는 단 두 곳의 서치펌에만 JD를 보내는 구인 회사도 있습니다. 그런데 제 경험으로 볼 때, 오히려 유능한 인사담당자일수록 적은 숫자의 서치펌에 몇 명의 헤드헌터만 관리합니다. 그리고 그 몇 명의 헤드헌터 뒤에서 수십 명의 인원이 일하도록 만드는 사람들입니다.

서치펌을 사용한다는 것은, 우수한 경력직 채용을 위해 기존 회사의 인력을 투입하는 대신에 회사의 비용을 들여서 그 채용을 외주 하는 것과 같습니다. 그런데 왜 회사비용을 들여서 '경력직 채용을 외주'하면서 그 회사에서 월급받는 본인 인사담당자가 직접 수 십명의 헤드헌터를 상대하면서 시간과 노력을 낭비하고 있는 것일까요? 혹시 갑질을 즐기기 위한 것이 아니라면.

바로 다음 글에서 설명 드리는 것처럼 헤드헌터도 고객사, 오더를 평가하고 선택합니다. 10개 서치펌이 경쟁하는 오더에 집중하는 유능한 헤드헌터는 없습니다.

헤드헌터도 오더를 평가하고 선택한다

제목 그대로입니다. 많은 고객사 인사담당자분들께서 오해하시는 부분이 오더를 주는 구인 회사가 항상 '갑'일 것으로 생각하시는 부분입니다.

'갑질'에 관한 이야기를 드리려는 것이 아닙니다. 헤드헌터 10,000명 시대입니다. 그런데 그중에서 월급쟁이 수준의 수입을 가져가는 헤드헌터의 숫자는 30% 남짓이고, 그 중에서 극히 일부의 헤드헌터들만이 '프로직업인'으로서 제대로 일하고 있다는 점입니다. 만약 구인 회사의 인사담당자로서 한 명의 헤드헌터, 한곳의 서치펌에 일 년에 1억 정도의 수수료를 지불하고 계시다면 그 헤드헌터는 국내에서 상위 3% 수준의 아주 우수한 능력의 헤드헌터라는 의미입니다. 이 책의 「5-10. 후보자가 착각하는 것들」에서 설명 드릴 내용과 마찬가지로 <u>고객사 인사담당자의 입장에서도 우수한 헤드헌터를 우수한 서치펌을 선별해 내는 노력을 하셔야 합니다.</u>

그리고 그 다음으로 내가 제시하는(구인 회사가 제시하는) 'JD의 조건이 경쟁력'을 갖추어야 합니다. 즉, 헤드헌터 나아가서는 구직자가 충분히 관심을 가지고 우수한 인재가 지원을 할 수 있을 만한 '충분한 이유'를 만들어 주어야 한다는 의미입니다.

매년 500명씩 합격시키는 서치펌의 경우라면, 한 고객사에서 매년 10명씩의 채용 의뢰를 보내온다고 하더라도 담당 PM헤드헌터의 입장에서는 아주 큰 고객사일 수 있지만 서치펌 전체로 볼 때에는 10명 모두를 합격시킨다고 하더라도 연간 매출로 볼 때 그 고객사의 비중은 2% 정도의 기여도를 갖는 고객사일 뿐입니다. 서치펌에서 그 고객사를 가볍게 생각한다는 의미가 아니라, 그 고객사를 직접 대응하는 PM헤드헌터가 아닌 서치펌에 소속된 다른 헤드헌터들의 입장에서는 그 고객사의 오더는 일 년 '일감' 중에서 2% 정도의 '일감'이라는 의미입니다. 여기서 중요한 점은, <u>고객사에 대해서 서치펌과 헤드헌터만 경쟁하는 것이 아니라</u>

고객사의 구인 오더 역시 '구인 회사 오더끼리(고객사끼리) 경쟁'한다는 점을 말씀 드리고자 하는 것입니다.

10,000명의 헤드헌터가 있는 것처럼 매년 수십만 개의 구인 오더가 열립니다. 헤드헌터들은 그중에서 더 좋은 조건의 오더에 집중합니다. 신입이거나 능력이 조금 부족한 헤드헌터인 경우라면 상대적으로 조건이 나쁜 오더에도 관심을 갖겠지만, 능력 있는 헤드헌터는 상대적으로 조건이 좋은 오더에만 관심을 갖습니다. 이는 서치펌으로 돌아와서 유능한 고참 헤드헌터가 받아 온 오더는 그만큼 능력 있는 헤드헌터들이 많이 관심을 가지고 집중하기 때문에 좋은 후보자를 많이 찾아내는 결과를 가져오는 것이고, 상대적으로 경험이 적고 능력이 부족한 헤드헌터가 받아 오는 상대적으로 조건이 나쁜 오더는 그만큼 경험이 부족한 헤드헌터나 적은 숫자의 헤드헌터들만이 관심을 갖기 때문에 좋은 후보자를 많이 찾기 어려운 결과를 가져오는 것입니다.

많은 서치펌, 많은 헤드헌터를 불러서 채용설명회를 하는 것은 실제로 큰 효과를 보기 어렵습니다. 그보다는 내 회사의 채용조건이 '경쟁력'이 있는지 내 회사의 구인 오더에 얼마나 관심을 많이 갖는 헤드헌터를 거래하는지 여부가 더 중요합니다.

온라인 portal에 있는 후보자는 비용을 지불해야 하는가?

가끔 기업의 인사담당자분들 역시 온라인에 있는 후보자는 "나도 찾을 수 있으므로, 온라인에 없는 후보자 추천만 수수료를 지불하겠다."라는 황당한 말씀을 하시는 경우를 보게 됩니다.

국내의 대표적인 두 곳, '사람인'과 '잡코리아'에 등록된 후보자의 숫자만 어림잡아 각각 100만 명입니다. 아무리 조건을 상세하게 입력하여 검색을 하더라도 다섯 명의 후보자를 추천하기 위해서는 최소한 기본조건이 맞는 수백 명의 후보자의 이력서를 검토하고, 수십 통의 메일을 보내고, 수십 통의 통화를 하는 시간과 노력을 들여야만 가능한 일입니다.

제가 앞에 「인하우스 헤드헌터는 왜 실패하는가」라는 장에서도 설명 드렸습니다만, 온라인상에 있는 후보자를 본인이 찾을 수 있으시다면 헤드헌터에게 의뢰하지 마시고 그냥 본인이 찾으시면 됩니다.

아마도 코리안시리즈 개막전 경기에 경기시간 직전에 야구장에 도착해서 암표를 파는 암표상에게 "내가 아침에 일찍 와서 줄 서있어도 살 수 있었던 입장권이기 때문에 나는 웃돈을 더 주고 살 수 없다."라고 말씀하신다면, 그분은 그 경기를 보지 못하실 것입니다.

다시 말씀 드리지만, 헤드헌터는 없는 사람을 만들어 내는 사람도 아니고, 안 보이는 사람을 주머니에 숨기고 있다가 꺼내서 보여 드리는 사람도 아닙니다. 수만, 수십만의 후보자들을 일일이 찾고 연락하고 설명하여 '구인 회사에 지원하도록' 만드는 사람들입니다.

회사로 직접 지원한 후보자는 비용을 지불해야 하는가?

가끔 후보자를 추천하면, 이 후보자는 지난 번에 또는 지인의 추천으로 이미 우리 회사에 지원을 했던 후보자이므로 다시 말해서 구인 회사에서 이미 그 후보자의 데이터를 가지고 있기 때문에 그 후보자가 합격을 하여도 비용을 지불할 수 없다고 말씀하시는 경우를 보게 됩니다.

두 가지만 설명 드리겠습니다

첫 번째는, 그 후보자가 고객사의 데이터 베이스에 있었다는 사실을 헤드헌터에게 사전에 통보되지 않았다면 그 후보자를 추천하는 과정에 투입된 헤드헌터들의 시간과 수고는 전혀 줄어들지 않았습니다.

두 번째는, 보관하고 있었다는 그 후보자의 정보는 헤드헌터를 통해서 재발견하기 전까지는 '살아 있는 정보가 아닌 가치가 없는 죽은 정보'라는 것입니다. 만약 그 정보가 살아 있는 효용가치가 있는 정보였다면 헤드헌터에게 그 position에 새로운 사람을 추천하라고 의뢰하지 않았을 것이기 때문입니다.

내 회사에 이미 지원했던 후보자이고 그 후보자에 대해서 다시 심사나 평가를 할 의사가 있다면 반드시 구인 의뢰를 하기 전에 헤드헌터에게 그런 후보자의 명단을 통보해 주어야 하는 것이고, 그렇지 않은 경우라면 그 후보자를 다시 채용하고자 하는 경우에는 정당한 비용을 지불하여야 하는 것입니다.

 마지막으로 제 경험담 한 가지만 말씀 드리고자 합니다.

 오래전에 제게 처음으로 헤드헌팅 구인 의뢰를 해 온 한 회사가 있었습니다. 당시 기획과 인사과장급 각 한 명씩을 채용하는 의뢰였고, 당시에 각 position에 두세 명씩 후보자를 추천하여 제가 추천한 후보자 모두 면접을 보고 그 중에 각 한 명씩 채용이 되었습니다.

 그리고 그 인사과장은 저와의 인연으로 지속적으로 그 회사의 오더를 받아서 꾸준히 몇 년 동안 채용을 전담해 오던 중이었습니다. 그런데 회사가 점점 성장하면서 3년쯤 지나서는 인원이 약 2배 가까이 늘어나고 인사쪽에도 대기업 출신의 임원도 새로 오시게 되었습니다. 새 인사담당 임원이 오고 나서 서치펌을 두세 곳 더 부르기 시작하고, 채용기준은 점점 올라가고, 서류심사는 더욱 어렵고 까다로워지게 됩니다. 한마디로 대기업 흉내를 내기 시작하게 된 것입니다.

 그 시기에 저는 인사과장에게 더 이상 후보자를 추천하지 못한다는 연락을 하고 거래를 끊었습니다. 그리고 그때 제가 인사과장에게 해 준 이야기는 다음과 같습니다.

 "아마도 몇 년 전에 내가 추천해서 입사한 '기획팀과장'과 '인사과장' 두 사람은, 만약 지금의 바뀌어진 귀사의 기준대로라면 서류심사도 통과하지 못할 것이다. 그런데 내가 추천해서 채용된 그 두 명의 과장은 지금도 그 회사에 잘 다니고 있고, 수년 동안 그 회사에 상당한 기여를 하였다."

몇 달 후에 그 인사과장 역시 다른 회사로 이직하였습니다.

5-4.
좋은 오더, 나쁜 오더 그리고 쉬운 오더
(중요한 이야기)

고객사와 오더에 대한 이야기를 시작하기 이전에, 오더가 갖는 모순점에 대한 이야기를 먼저 해 보겠습니다.

준비된 한 신입 헤드헌터가 있습니다(실제 있었던 상황입니다). 좋은 환경의 서치펌에 첫발을 들여서 많은 오더를 접할 수 있는 환경에서 헤드헌터를 시작하여, 헤드헌터 시작한 지 석 달 만에 세 명의 후보자를 co-work을 통해서 입사를 시켰습니다. 그런데 그 이후 3개월 동안 단 한 명의 후보자도 더 입사시키지 못하는 현상이 발생하였습니다.

저는 서치펌 대표의 입장에서 이런 분들을 자주 보게 됩니다. 제가 그분께 드린 말씀은 단 한 가지였습니다. "헤드헌터를 시작한 지 6개월이 지난 지금 만약 당신이 처음에 합격시킨 3명의 후보자를 찾았던 그 고객사, 그 PM의 position에 대해서 다시 co-work을 하시겠습니까?" 물론 그분이 직접 대답은 하지 않지만, 실제 상황은 'No'입니다.

처음에는 아무것도 몰라서 아무 오더나 다 찾습니다. 그리고 무조건 앞뒤 돌아보지 않고 열심히 찾습니다. 그러다 두세 명의 합격자가 나오고 주변에 함께 근무하는 선배 헤드헌터들의 성향과 능력, 과거경력 등을 조금씩 알게 되고 고객사에 대한 정보도 조금씩 알게 되면서부터 상황이 바뀌게 됩니다. 어느덧 초심은 잊어버리고, 어느덧 본인이 아직 경험이 더 필요한 신입이라는 사실조차 망각한 채 헤드헌터 업무가 쉽게 느껴지면서 그 신입 헤드헌터는 'PM을 평가'하기 시작하고, '고객사를 분석'하기 시작하고, '자기 입맛에 맞는 오더를 고르기 시작'합니다.

제가 이 글에서 주장하는 핵심 주제 중의 하나가 좋은 오더, 좋은 고객사 구별하기, 만들기입니다. 당연히 위와 같은 행동은 헤드헌터의 발전 과정의 하나라고 볼 수 있는 일입니다.

그런데 여기서 제 주장에 '심각한 모순'이 발생합니다. 위에 예를 든 경우와 같은 상황에서는 '오더를 고르기 시작'하면서 그 헤드헌터의 수입은 줄어들기 시작합니다.

여기서 중간 결론 하나를 말씀 드리겠습니다. <u>이 6개월 된 헤드헌터가 찾는 것은 '좋은 오더' '좋은 고객사'가 아닙니다. '쉬운 오더'를 찾고 있는 것입니다.</u>

결론입니다.

헤드헌터에게 쉬운 오더는 없다. 헤드헌터에게 모든 오더는 다 어려운 오더이다.

적합한 구직자 한 명을 찾으면 몇백만 원, 몇천만 원 이상 지불합니다. 쉽게 찾을 수 있는 사람이라면 이렇게 큰돈을 주지 않습니다. 예부터 어른들이 하시던 말씀 그대로 '남의 돈 받기 쉬운 일'은 이 세상에 하나도 없습니다.

그러나, 좋은 오더, 나쁜 오더는 분명히 있습니다. 그리고 그것을 구별해 내는 능력을 키워야 하는 것입니다.

아직 서칭 능력이 일정 수준 올라오지 못하신 분들의 경우는 오더 고르지 마십시오. 나쁜 오더도 열심히 찾다 보면 나중에 다 본인의 자산이 됩니다. 일단 많이 찾는 것이 중요합니다. 사람마다 다르기는 하겠지만 최하 6개월 길면 일 년, 아무리 적게 잡아도 10명 혹은 20명 이상의 후보자를 합격시켜 본 다음에 오더의 좋고 나쁨을 따져도 늦지 않습니다. 그리고 그 정도 시간이 지나면 일부러 공부하지 않아도 자연스럽게 좋은 오더를 구별할 줄 아는 시각을 지니게 됩니다.

그러면서 항상 스스로에게 '자문'하여야 하는 내용이 바로 나는 좋은 오더를 찾고 있는가? 쉬운 오더를 찾고 있는가? 하는 점입니다.

다시 말씀 드립니다. 헤드헌터에게 쉬운 오더는 없습니다. 오래 하다 보면 가끔 운이 좋은 오더를 만나는 행운이 있을 뿐입니다.

본 주제로 돌아와서 좋은 오더에 대한 이야기를 해 보겠습니다.

남의 오더 'AA'와 내 오더 'BB'가 있다고 가정할 때,

• 내가 소속된 서치펌의 다른 헤드헌터가 수년간 꾸준히 거래해 온 고객사
• 다른 헤드헌터가 일 년에 평균 20개의 position을 받고, 평균 10여 명을 입사시키는 고객사
• 다른 헤드헌터에게만 독점적으로(혹은 그 헤드헌터를 포함 최대 두 명 정도의 헤드헌터에게만) 오더를 주는 고객사

이런 고객사의 오더 'AA'와

• 내가 새로 찾아서 나 말고 몇 개 서치펌, 몇 명의 헤드헌터에게 오더가 뿌려졌는지조차 파악이 안 되는 고객사
• 이번이 첫 JD인지, 몇 달 전부터 찾다가 못 찾아서 내게까지 온 것인지도 확인되지 않는 고객사
• 후보자 합격 후에 수수료 깎아 달라고 할지 아닐지조차 모르는 처음 거래해 보는 고객사
• 다른 서치펌들에게는 이미 블랙리스트에 올라가 있는 고객사일지도

**연봉 1억 헤드헌터
그들은 어떻게 일하는가?**

모르는 고객사

이런 고객사의 오더 'BB'가 있다면 어느 오더가 더 좋은 오더일까요?

다른 시각에서 살펴보겠습니다. 좋은 서치펌이란 대표에게만 유리한 서치펌, 고참(선임)에게만 유리한 조건, 매출이 높은 헤드헌터만 유리한 조건의 서치펌이 아니라 그 서치펌 구성원 전체의 평균 매출이 높은 서치펌이 좋은 서치펌이라는 말씀을 드렸습니다. 좋은 헤드헌터가 많고, 좋은 오더가 많은 서치펌은 수수료 10%, 12%짜리 오더는 받지 않습니다. 10개의 서치펌이 달라붙는 대한민국 헤드헌터 누구에게나 달라면 다 주는 오더 취급하지 않습니다.

서치펌 7군데 연락하고 헤드헌터 20명 달라붙어 서칭하는 오더, 수수료율 13%짜리 오더, 면접 끝나고 연봉 깎자는 회사의 오더, 수수료 늦게 주는 회사 또는 보증기간 길게 요구하는 회사의 오더(일부 고객사 인사담당자분들께는 죄송한 말씀이 될 수 있습니다만, 입사 후 3개월이 더 지난 다음에 퇴사하는 직원은 헤드헌터가 아니라 회사의 책임입니다), 대표이사 결재 못 받아서 JD 보내 준 다음에 갑자기 채용 취소되었다는 회사. 이런 오더들을 받아 '내 오더라는 환상에 빠져 나쁜 오더의 PM'을 하지 마십시오.

그 대신 내 회사 PM에게만 독점으로 오더 준 회사 또는 내 서치펌 PM에게만 하루 먼저 JD 보내 준 회사, 수수료율 20%에 면접 한 번에 결과 회신은 빠른 회사, 보증기간이 짧고 돈 빨리 주는 회사, 연봉 테이블 높은 회사의 좋은 오더에 비록 50%만 벌더라도 co-work 하십시오.

나쁜 오더 PM 하는 것보다는 좋은 오더 co-work하는 편이 훨씬 낫다는 말씀을 드렸습니다. 회사의 전체적인 오더 quality가 올라가면, 즉 서치펌의 평균 오더 수준이 높아지면 복잡하고 힘든 PM하지 않고, 검증된 편한 co-work하는 게 더 편하다는 사실을 알게 됩니다. 오더는 많으니까요.

어떤 결론을 강요하려는 것은 아닙니다. 그러나 많은 분들이 내 후보자가 더 예쁘게 보이는 것처럼 내 고객사 내 오더는 더 좋아 보입니다. 그러나 그것은 착각입니다. 여러분이 잘 나가는 헤드헌터가 되시고 싶으면 좋은 오더와 나쁜 오더를 구별할 줄 아는 능력을 키우십시오. 좀 더 자세히 설명 드리면 내 나쁜 오더보다 남의 좋은 오더를 찾을 수 있는 객관적인 시각을 갖고자 노력하십시오.

헤드헌터에게 '쉬운 오더'는 없습니다. 어떤 고객사도 portal 두어 시간 뒤져서 나오는 후보자를 채용하면서 수백만 원의 비용을 지불하지 않습니다. 모든 오더는 다 '어려운 오더'입니다. 다만, 그 '어려운 오더' 속에서 '좋은 오더'와 '나쁜 오더'를 구별할 줄 아는 헤드헌터가 돈 잘 버는 헤드헌터가 되는 것입니다.

이 세상에 '쉬운 오더'는 없습니다.

5-5.
고객사 만들기

이제 많은 분들이 가장 궁금해하시는 내 고객사 만들기에 대한 이야기를 시작하겠습니다.

아직도 많은 헤드헌터분들은 오늘도 고객사를 만드는 방법에 대한 노하우를 찾고 계십니다. 그리고 불행하게도 아직 많은 헤드헌터분들이 무조건 고객사의 숫자를 늘리는 데에만 집중을 하시는 경우를 많이 보게 됩니다. 그러나 보다 더 중요한 것은 앞에서 설명드렸던 것처럼 좋은 오더, 좋은 고객사를 구별할 줄 아는 것이고 그 다음에 그런 '좋은 오더를 주는 고객사'를 내 것으로 만드는 방법입니다.

많이 들어 보셨을 것으로 예상합니다만, 업계에서 흔하게 설명하고 있는 가장 보편적이고 다소 구식인 고객사를 만드는 방법들로 portal에 나와 있는 구인공고에 일일이 전화하면서 "제가 그 분야에 좋은 인재 데이터 베이스를 많이 가지고 있는 헤드헌터"라고 하든가 또는 불특정 다수의 인사담당자에게 대량으로 회사 소개서와 명함을 발송하는 방법이라든가 한 오피스 빌딩에 각 방마다 찾아다니는 방법 같은 고전적인 방법 등을 열심히 설명하고, 배우고, 따라하고 계신 분들이 많이 있습니다.

그런데 저는 지금까지 단 한 번도 제가 고객사를 만들기(찾기) 위해 직접 영업활동을 해 본 적이 없습니다. 그리고 제가 아는 억대 매출의 헤드헌터 분들 또한 위와 같은 방법으로 의도적으로 고객사를 찾아다니는 것을 별로 보지 못합니다.

일정 기간 성실하게 헤드헌팅 업무를 하다 보면, 내가 합격시킨 후보자 또는 내게 이력서 주었지만 탈락한 후보자, 내가 합격시킨 고객사 등등 내가 헤드헌터를 하면서 이런 저런 인연으로 넓어진 '헤드헌터 인맥'에 의해서 정말로 자연스럽게 내게 후보자를 추천해 달라고 하는 고객사는 생겨납니다.

헤드헌터를 시작하신 지 3년 정도 경과하고도, 합격시킨 후보자의 숫자가 50여 명이 넘었는데도 만약 아직도 주변의 내 헤드헌터 인맥으로부터 후보자를 찾아 달라는 요청을 받아 본 경험을 해 보지 못하신 경우라면 죄송한 말씀이지만 아직 충분한 헤드헌터로서의 경력이 되지 못하신 경우이거나 혹은 그동안 헤드헌터 업무를 하면서 만나 온 후보자, 탈락자, 고객사 등에서 당신에 대해 '좋은 헤드헌터'로 아직 인정을 받지 못하고 계신 경우일 수가 많습니다.

만약 헤드헌터 5년 차가 되도록 아직도 portal에 나와 있는 구인공고에 일일이 전화하면서 영업을 하고 계시다면 현재 본인 주변의 동료, 후보자 그리고 기존에 거래하시고 있는 고객사의 인맥 관리를 먼저 하시기를 조언 드립니다.

그리고 여기서 더 중요한 사실은 자연스럽게 혹은 우연히 라도 내게 후보자 추천을 의뢰한 고객사의 숫자는 전혀 중요하지 않습니다. 아래 글에서도 설명드릴 내용입니다만, 고객사는 만드는 것이고 경우에 따라서는 빼앗는 것이지 절대 구하는 것이 아니기 때문입니다.

먼저 내가 고객사를 찾아 나서는 경우는 대부분의 경우 확률적으로 아주 낮은 확률을 가지고 시작을 하여야 합니다. 만약 구인 회사 쪽에서 먼저 내게 혹은 내 서치펌으로 들어온 구인 오더의 경우라면 아마도 그 오더는 이미 다른 서치펌에 의뢰되었던 것이거나 몇 달 이상 찾다가 못 찾아서 나에게까지 온 오더이거나, 혹은 다른 서치펌들이 더 이상 거래를 하지 않게 되어 구인 회사 쪽에서 헤드헌터나 서치펌을 찾아 나서게 된 경우일 수가 많습니다. 확률적으로 나쁜 오더일 가능성이 높다는 말씀입니다.

이와 비슷한 이유로 내가 portal에 올라온 구인공고를 보고 연락을 해서 받은 오더나, 무작위로 대량 발송을 한 메일이나 우편에 반응이 온 오더의 경우도 나에게까지 기회가 온 오더의 경우는 확률적으로 좋은 오더일 가능성이 그만큼 낮은 것입니다.

그보다는 몇 년 헤드헌터를 하다 보면 다음과 같은 기회를 통해서 내게도 괜찮은 고객사가 주어지는 경우가 있습니다. 전임 퇴사자가 남기고 간 회사일 수도 있고, 지인이나 내가 접촉했던 후보자들을 통해서 소개받는 회사일 수도 있고 물론 경우에 따라서는 사람인에 올라온 구인공고를 보고 그 position이 내가 잘 아는 분야이기에 또는 내가 많이 서칭하여 그 분야의 이력서를 많이 가지고 있기에 직접 전화해서 개발하는 경우도 내 전문 분야와 일치한다면 충분히 가능성은 있습니다.

그런데 여기서 중요한 것은 어떤 경로를 통해서든 새 고객사를 접촉하고 나면 그 고객사의 경우 지금 처음 접촉하는 나보다 앞서서 거래를 하고 있던 다른 서치펌이나 헤드헌터가 존재하는 경우가 대부분입니다. 직접 영업한 경우이든, 남을 통해 소개받은 경우이든 일 년에 잠재적인 고객사는 아무리 적어도 다섯 개 회사는 내 고객사로 만들 수 있는 기회가 옵니다. 그러면 여기서 그 고객사를 내 고객사로 만드는 데에는 얼마나 많은 수고를 하고 있는지 여부가 가장 중요합니다.

이제 내 고객사 만들기에 대한 가장 핵심 TIP 하나를 말씀 드리겠습니다.

새 고객사의 첫 번째 오더에 대해서 고객사 인사팀 또는 인사담당 임원이 기대하는 수준보다 몇 배 이상의 노력을 투자하십시오. 상대방이 5장의 이력서를 기대하고 있다면 당신은 정말로 좋은 20명의 후보자를 추천하십시오.

이러면 비록 첫 번째 오더에서 합격자가 나오지 않더라도 무조건 두 번째 오더는 당신에게 옵니다. 이런 식으로 한 회사에 대하여, 예전에 어떤 영화나 만화에 나오는 대사처럼 "난 한 놈만 팬다."라는 식으로 집중하면 어느 순간에 그 회사에서는 나에게만 오더를 주고 있습니다. 20장의 이력서가 없다면 그건 당신이 아직 덜 노력했기 때문입니다. 20장의 이력서를 찾을 바에는 다른 여러 개의 오더에 이력서 서너 장씩 받아서 많은 position에 추천하는 방법을 택하고 싶으시다면, 내 고객사 없이 co-work만 열심히 하시면 됩니다.

물론, 엄청난 노력이 들어갑니다. 그리고 이 방법에서 가장 중요한 요점은 처음에 이런 미련한 노력을 투입하기 이전에 이 회사가 과연 내 고객사로 만들어도 되는 회사인가를 빠르고 정확하게 판단하는 것이 아주 중요합니다. 좋은 오더인지, 나쁜 오더인지 여부를 판단하는 것이 우선입니다.

우리가 종종 만나게 되는 1) 회사는 매출 100억 규모인데, 연봉도 낮으면서 후보자는 대기업 출신의 후보자를 달라는 고객사, 2) 후보자가 합격한 다음에 수수료도 제때에 잘 안 주는 고객사, 3) 갑질하는 고객사, 4) 회사 경영 상태가 불안해서 장래가 보장되지 않는 회사 등등 이런 회사는 과감히 포기하고 매출은 1,000억에서 3,000억, 직원은 100명에서 500명 규모, 업력은 20년 이상 된 회사 중에서 독자적인 기술력이 좋거나, 연봉이 높거나, 성장성이 좋거나 등등 한 가지라도 후보자들에게 설명하기 좋은 조건이 하나 이상 확실하게 있는 회사를 찾으십시오.

이런 회사들, 즉 자기 회사 이름만으로 온라인 공채 공고 내어서는 좋은 후보자가 지원하지 않는 이름이 덜 알려진 중소, 중견기업이면서 강소기업인 회사를 찾아 집중합니다. 당연히 어렵습니다. 그런데 막상 찾아보면 이런 회사들 많이 있습니다.

이렇게 미련할 정도로 노력을 해서 내 고객사를 만드는 데 들어가는 노력 대비 성공 확률은 무작위로 전화 돌리고 우편물 보내고 메일 보내면서 내 고객사가 되기를 기다리는 방식보다 더 높은 확률입니다. 그리고 그렇게 해서 어렵게 구한 새 고객사에 대해서 남들과 똑같은 방식으로 그 정도의 수고만큼만 후보자 추천하면 그 고객사가 나만의 고객사가 될 수 없습니다. 그저 그런 수많은 다른 서치펌들과 경쟁하는 그저 그런 수많은 고객사 중의 하나가 될 뿐입니다.

그래서 나만의 고객사를 만들기 위해서는 남들보다 몇 배의 수고와 노력을 해야 하는 것이고, 그러면 그 고객사는 나만 찾는 진짜 내 고객사가 되어 있는 것입니다.

선택은 헤드헌터 각자의 몫입니다.

그런데 저는 많은 서치펌들과 경쟁하는 많은 고객사보다는 나만 바라보는 고객사 한두 개만 관리하면서 헤드헌팅하는 쪽을 추천합니다. 제가 지금보다 바쁘게 헤드헌터 업무에 집중하던 시절에 제가 일 년에 PM으로서 관리하는 회사 숫자는 많아야 4, 5개 정도였습니다. 그리고 보통 일 년에 2개 많으면 3개 회사에서 제 헤드헌터의 일 년 매출의 80%가 나옵니다. 그 두세 개 회사만 가지고도 한가할 때 내가 남의 오더 co-work해서 버는 수입 말고도 억대 매출 올렸습니다.

내가 만나는 또는 내가 오더를 받고자 하는 한 고객사가 있다면 분명히 그 회사에는 몇 년 동안 거래해 온 다른 헤드헌터나 서치펌이 있을 것입니다. 그래서 지레 겁을 먹고 남의 고객사 빼앗는 것을 포기한다면 그냥 조금 벌면서 살면 됩니다.

그리고 여러분이 한 가지 미처 생각하지 못하고 있는 사실은, 사람은 오래 거래한 관계일수록 인간관계가 돈독해지기도 하지만 다른 한편으로는 매너리즘과 관성에 젖어 "저 헤드헌터 말고 다른 헤드헌터는 어떨까?"라는 생각 또한 하게 된다는 점입니다. 누가 오래 거래했다고 해서 내가 빼앗지 못하라는 법은 없습니다. 같은 이야기입니다만 여기서 아주 중요한 사실은 그 고객사가 정말로 '좋은 조건의 고객사(오더)인지' 여부일 뿐입니다.

정말로 좋은 고객사(오더)라는 판단이 서면 인사담당자에게 헤드헌터가 후보자를 추천하겠다고 하는데, "나는 이미 다른 헤드헌터와 거래

중이므로 당신이 추천하는 후보자는 절대로 받을 수 없다."라고 대답하는 인사담당자는 실제로는 거의 없습니다. 만약 인담이 비슷한 거절을 계속 하더라도 후보자 이력서 받는 데 비용 들어가는 것 아니기 때문에 "한번 이력서 받아만 보시지요."라고 간곡하게 부탁을 하면 대부분은 이력서 받습니다. 그 다음에는 위에 Tip을 드린 것처럼 나 홀로 좋은 후보자의 이력서를 20장 찾아서 제출하면 되는 것입니다.

결론입니다.

첫 번째, 내가 목표로 하는 고객사 하나를 발견했다. 두 번째, 그런데 그 회사에는 기존에 거래하던 헤드헌터(서치펌)이 있다. 세 번째, 그럼에도 내가 그 기존의 헤드헌터보다 더 많은 시간과 노력을 투자해서 그 기존에 거래 중이던 경쟁자(헤드헌터)보다 더 많은 더 좋은 후보자의 이력서를 추천한다. 네 번째, 그러면, 그 고객사의 인사담당자는 계속 기존의 헤드헌터 외에도 나에게도 오더를 줍니다. 그리고 그 다음에 기존 거래하던 헤드헌터보다 더 열심히 노력하면 그 고객사는 내 고객사가 됩니다.

헤드헌터를 하시는 분들께서 반드시 기억하실 내용은, 구인 회사의 인사담당자는 자기 돈을 들여서 서치펌을 고용하는 것이 아닙니다. 구인 회사의 인사담당자 역시 월급쟁이입니다. 그들은 비용의 절감보다는 인사담당자로서 조직 내에서 본인의 입지에 더 관심이 있는 법입니다. 즉, 유능한 인사담당자는 회사에서 채용 position이 나왔을 때 '짧은 시간에 우수한 많은 후보자의 이력서를 받아 현업부서에, 임원에게 제출하는 것이 유능한 '월급쟁이 인사담당자'가 되는 길입니다.

구인 회사의 인사담당자를 직접 상대하는 헤드헌터의 입장에서는 그 월급쟁이 인사담당자가 편하게 해 주는 일이 가장 핵심입니다. 우수한 후보자를 남들보다 많이 추천해 주면, 그 회사, 그 인사담당자는 나만 찾게 됩니다.

<u>고객사는 만드는 것입니다. 고객사는 빼앗는 것입니다.</u>

끝으로, 한 가지 실제 있었던 예를 들어 설명드리겠습니다. 제가 알던 한 헤드헌터 한 명은 함께 있던 서치펌에서 Top 3 하는 헤드헌터분들의 co-work만 정말로 열심히 2년 정도 하다가 퇴사하여 본인이 1인 서치펌을 창업하고, 자기가 co-work을 했던 Top 3 헤드헌터들의 고객사에 직접 하나씩 찾아가서 그동안 입사시킨 실제 후보자들은 본인이 서칭해서 추천한 후보자들임을 설명하고, 본인에게도 오더를 달라고 부탁하여 그동안 co-work으로 일하던 Top 3 헤드헌터들의 고객사로부터 오더를 개인적으로 받았습니다.

그런데 그동안 그 독립한 헤드헌터 덕분에 편하게 돈 벌던 Top 3 하던 PM 3명은 그 고객사들은 퇴사한 co-work을 해 주던 헤드헌터가 그동안 대부분 후보자를 찾아 주었었기 때문에 이제 와서 본인이 다시 서칭을 시작하기가 쉽지 않습니다. 그리고 그 헤드헌터가 떠난 뒤에 다른

co-worker들이 새롭게 그 고객사들을 공부하고 새로 추천을 시작하기에도 시간이 부족합니다. 관심도 부족합니다. 더 무서운 현실은 어렵게 내가 PM으로서 힘들게 직접 후보자 서칭해서 5장의 이력서 제출할 때, 독립한 그 헤드헌터는 이력서 20장을 제출합니다.

이 경쟁의 결과가 궁금하신 분은 안 계실 것으로 생각합니다. 그 헤드헌터는 지금 자신이 co-work을 하던 고객사의 70%를 본인 고객사로 유지하면서 돈 잘 벌어 가고 있습니다. 실화입니다.

그러면, 이런 행동을 하는 사람이 나쁜 사람일까요?

아직도 한번 내가 찜한 고객사는 영원히 내 고객사라고 생각하거나, 아직도 PM이 co-worker보다 더 높고 유리한 위치라고 생각하거나, 아직도 PM하면서 남의 co-work으로 편하게 돈 버는 일이 잘하는 헤드헌터의 방법이라고 믿으면서 고객사 숫자 늘리기에만 애쓰고 있지는 않은지 스스로 한번 되돌아보는 기회를 갖기 바랍니다.

매출 1,000억 직원 200명 회사라면 일 년에 자연감소(퇴사) 및 확장에 따른 경력직 채용 수요만 전체 직원의 5%라고만 계산해도 10명입니다. 내 업무 시간의 25%만 이 회사에 집중하면, 매일 두 시간씩 그 회사의 position에만 집중한다면, 일 년에 10명 수요 중에 7, 8명은 석세스 낼 수 있습니다.

한 회사에 일주일에 10시간씩 공부하고 서칭해서, 한 달에 40시간, 일 년에 500시간 투자한다면 이 정도 후보자 합격자 내는 것 문제없습니다. 600만 원×7명=4,200만 원입니다. 이런 회사 한두 개 만 더, 매년 두세 개 회사에만 집중하고, 나머지 시간에 남의 좋은 오더 co-work을 짬짬이 하면 일 년에 1억 매출 쉽게 나옵니다.

글이라고 너무 쉽게 이야기하는 것이 아니라, 일주일에 10시간 일 년에 500 시간씩 한 회사에 집중 투자하면, 일 년에 5명 이상 무조건 합격시킬 수 있습니다.

안 해서 못하는 것뿐입니다.

1억 벌어 가는 헤드헌터들, 한 회사에서 매출 5,000만 원 올리는 헤드헌터들은 운이 좋은 것이 아니라 그만큼 자기 고객사에 대한민국의 어떤 헤드헌터보다 더 많은 시간과 노력을 기울이고 있기 때문에, 그만큼의 매출 실적이 나오는 것입니다.

5-6.
고객사 분쟁

지금까지의 내용처럼 이 책은 여러분들이 그동안 일반적으로 헤드헌터에 대해서 듣고 배우신 내용과 정반대의 주장을 하는 내용도 많고, 다른 시각에서 바라보는 내용도 많이 포함되어 있습니다.

반복해서 드리는 말씀이지만 어떤 정답이 있는 것은 아닙니다. 단지 우리가 일반적으로 업계의 관행이라는 이름이나 실적이 우수한 헤드헌터가 아닌 분들의 일반적인 시각이나 경험에서 비롯된 내용들이 마치 헤드헌터 전체의 일반적인 또는 억대 매출의 헤드헌터분들에까지 적용되는 것으로 일반화되어 받아들여지는 부분을 경계하고자 하는 의미로 '다른 관점'에서의 해석을 드리고 있는 것입니다.

이런 관점에서 앞 장에서 설명드린 고객사 만들기와 더불어 고객사 분쟁에 관한 이야기를 드리고자 합니다.

고객사 분쟁

서치펌 대표로서 가장 답답할 때가 사무실에 헤드헌터분들이 많아 지면서 일부 고객사가 겹치는 현상이 발생하기 시작하는데, 하나의 구인 회사에 대해서 두 명, 경우에 따라서는 세 명씩의 헤드헌터가 서로 본인 고객사임을 주장하는 상황을 맞닥뜨리게 되면 저는 다음과 같이 물어봅니다.

먼저, 그 고객사가 서로 내 것이라고 주장하는 헤드헌터에 대해 "당신이 그 회사 오더를 다른 헤드헌터보다 더 잘 찾을 수 있기 때문에 그 고객사를 본인이 가지고 싶은 것인지?" 아니면 "그 회사 오더를 받아 남에게 찾아 달라고 co-work 요청하고 그저 숟가락 하나 얹어 놓을 회사 하나 더 갖고 싶은 욕심 때문인지?" 물어봅니다.

제가 이 책에서 항상 주장합니다만, 서칭하지 못하는 헤드헌터는 헤드헌터가 아닙니다. 그냥 브로커입니다. 내 오더에 대해 내가 스스로 후보자를 찾아낼 능력이 없는 사람이, 남의 회사에 가서 사람 찾아 주고 돈 달라고 요구한다는 것 자체가 '헤드헌터의 자세'는 아니라고 생각합니다.

한 고객사를 가지고 다투는 헤드헌터 두 사람을 보면, 본인이 그 고객사 오더를 자신이 찾겠다고 싸우는 경우보다는 그 회사 오더 받아서 사무실에 co-work을 올리고 누군가가 적합한 후보자 찾아 주면, 자기는 PM하면서 편하게 50%만 가져가겠다는 욕심이 우선하는 사람이 더 많은 것이 사실입니다.

　그런데 안타깝게도 이런 고객사를 가져간 헤드헌터는 실제로 저희 서치펌 내에서 상위권에 드는 헤드헌터는 정말로 단 한 명도 없습니다. 저희 서치펌에서 억대 매출 이상을 꾸준히 올리고 계시는 헤드헌터 분들은 단 한 명도 자기 고객사에 대해서 다른 헤드헌터가 관심 가지는 것에 대해서 거의 신경도 쓰지 않습니다.

　그 이유는 본인이 그 고객사에 대해서 지금까지 누구보다 더 많은 시간과 노력을 투자해 왔고, 더 많은 정보를 알고 있고, 더 많은 후보자를 합격시켜 왔을뿐더러 지금도 누구보다 더 많은 시간과 노력을 투자하고 있어서 '자신이 있기 때문에' 다른 헤드헌터가 내 고객사에 관심 갖는 것에 별로 신경을 쓰지 않고 있는 것입니다.

　더 중요한 사실은 10년 차 억대 매출의 헤드헌터는, 만약 새로 입사한 헤드헌터가 내가 오래 거래한 고객사 오너의 친인척인 경우가 발생한다면, 기존의 고객사를 유지하기 위해 무리한 노력을 하는 것이 아니라 자기가 그동안 투자했던 시간과 노력을 다른 회사로 돌려서 다른 회사를 자기의 새로운 고객사로 만들어 버립니다.

아주 중요한 내용입니다. 일 년 동안 내가 집중해서 찾고 관리할 수 있는 구인 회사(고객사)의 숫자는 제한되어 있습니다. 앞에서도 말씀을 드렸지만 고객사는 많이 있습니다. 내 고객사로 만드는 여부는 내가 얼마나 다른 경쟁 헤드헌터들보다 그 회사에 대해서 더 많은 수고를 하는지 여부로 결정되는 것입니다.

내가 A라는 회사에 30%의 수고를 해서 일 년에 8명을 합격시켰는데, 나와 오래 거래했던 A회사가 무슨 이유이든 더 이상 내가 아닌 다른 헤드헌터와 함께 일하기를 원한다면 미련 없이 B회사에 똑같은 30%의 수고를 해서 일 년에 한두 명 적어지더라도 6명을 합격시키면 되는 일입니다.

고객사를 많이 갖고 싶은 헤드헌터라면, 내가 그 회사 position을 남보다 더 잘 찾을 자신에 있어서 그 회사의 PM을 하고 싶은 것인지, 아니면 남이 찾아 주길 기대하고 절반을 쉽게 벌고 싶은 욕심에 PM을 하고 싶은 것인지 스스로 한 번쯤 생각해 볼 필요가 있는 것입니다. 헤드헌터의 본질이 PM일까요, 서칭일까요? 많은 분들이 서로 다른 의견을 말씀하실 수 있겠지만, 저는 철저하게 헤드헌터는 서칭입니다.

앞에서도 말씀 드렸듯이 고객사는 언제든지 얼마든지 만들 수 있습니다. 유능한 변호사가 수임을 받으러 구걸하지 않는 것처럼, 내가 능력 있는 헤드헌터만 되면 언제든 고객사는 얼마든지 빼앗을 수 있습니다.

그 다음으로 싸우는 두 헤드헌터에게 묻고 싶은 내용은(저는 실제로 이런 식으로 분쟁을 조정합니다) 서로 자기 고객사라고 주장하는 회사의 인사담당자의 연락처를 달라고 합니다. 그리고 최종적으로 통화 또는 문자 한 날짜를 확인합니다. 어떤 헤드헌터는 이미 6개월 전에 퇴사한 과거의 인사담당자 연락처만 가지고 있는 사람도 있고, 어떤 분은 새로 바뀐 인사담당자가 있다는 자체도 모르고 있는 분도 있고, 어떤 분은 일 년 전에 한 번 연락한 것이 전부인 사람도 있습니다. 그러면서 그 고객사는 자기 것이라고 주장합니다. 이건 주장이 아닙니다. 우기는 것이고 억지 부리는 것입니다.

그 고객사와 얼마나 친한지 여부를 가지고 담당 헤드헌터를 정한다는 의미가 아닙니다. 적어도 한 고객사의 오더를 받아 와서 내 동료에게 co-work을 의뢰하겠다는 PM 헤드헌터의 기본 자세는, 내 서치펌으로 받은 오더가 최소한 다른 서치펌으로 전달된 오더보다 단 1분이라도 먼저 받았고, 단 한 개라도 더 많은 정보를 가진 오더이어야만, 즉 경쟁력이 있는 좋은 오더일 때만 내 사무실 동료 헤드헌터들에게 co-work을 요청하는 것이 '최소한의 도리'라는 의미입니다.

정작 본인은 그 오더가 언제 경쟁 서치펌으로 나갔는지 몇 개의 서치펌에 뿌려졌는지 JD에 표현되지 않은 '정말로 채용에 중요하게 여기는 내용이 따로 있는지 여부'조차도 확인할 능력도 없으면서 '내가 PM이라고 떠드는 헤드헌터'는 제가 대표로 있는 서치펌에서는 그런 분을 PM으로 인정하지 않습니다.

한 개의 고객사를 가지고 다투는 두 헤드헌터 분들에게 제가 들려주었던 '내 고객사라고 말할 수 있는 수준', '동료들에게 co-work을 부탁해도 미안하지 않은 좋은 오더'가 되기 위한 제 경험담 하나만 이야기하겠습니다.

어느 날 새벽에 해외 출장 중인 제 고객사의 인사담당자가 자기네 회사 사장님이 급하게 회계 경력 차장급 한 명을 채용하라고 했다면서 제게 문자를 보내왔습니다. 그때 새벽에 문자 소리에 깨서 제가 보낸 답장 내용은 "그럼 지금 근무중인 박 차장은 퇴사하는 것인지, 아니면 박 차장 밑에 실무자급 차장을 구하는 것인가요?"라고 그 새벽에 문자로 답장을 보냈습니다.

이 정도는 되어야 '내 고객사'라고 할 수 있는 것입니다.

새벽에 서로 부담 없이 문자 날리는 사이, 구인 회사 각 팀별 조직도 정도는 머릿속에 그릴 수 있는 정도는 되어야 내 고객사라고 할 수 있고, 그 정도 관계 속에서 받은 오더라야 내가 바쁘면, 내 동료 헤드헌터들에게 찾아 달라고 부탁하더라도 '미안하지 않은 수준'의 '좋은 오더'가 되는 것입니다.

먼저 서칭 능력을 키우십시오. 실력이 없으면 아무리 좋은 방법을 알아도 소용이 없습니다. 내 실력이 되지 못하면, 남의 고객사를 빼앗을 수도 내 고객사를 만들 수도 없기 때문입니다.

5-7.
후보자의 이력서는
어디까지 고쳐야 하나

결론만 먼저 말씀 드리자면, '후보자의 이력서는 가급적 손대지 말아라'입니다. 이 또한 많은 헤드헌터분들이 말씀하시는 내용과 다소 차이가 있는 이야기일 것입니다. 항상 드리는 말씀이지만, 제 글뿐만 아니라 헤드헌터 업무라는 것이 정답은 없습니다. 후보자이든, 고객사이든 사람을 상대하는 일이기 때문에 항상 경우에 따라, 사람에 따라 대응 방식이 달라질 수밖에 없다는 의미이자 결국에는 합격자 많이 내고 돈 많이 버는 헤드헌터가 정답일 수밖에 없으니까요.

무엇보다 구인 회사 중에서는 자신들의 회사 양식에 맞춰서 이력서를 제출하라고 요구하는 회사도 있고, 최소한 통일된 양식으로 제출하기를 희망하는 구인 회사도 있고, 심지어 이력서에 오타나 맞춤법이 틀렸다고 '헤드헌터가 이런 것도 사전에 점검하지 않았느냐고 지적하는' 구인 회사 인사담당자도 아주 가끔은 있는 것이 사실입니다. 이런 경우는 달리 고민할 것도 없이 '갑'이 하라는 대로 따라가야지 별 수 없습니다.

그럼에도 이력서에 대한 이야기를 하고자 하는 것은 헤드헌터의 업무 유형을 보면 후보자가 보낸 이력서를 처음부터 끝까지 한 글자, 한 글자 다 살펴보고 오타 수정하고, 맞춤법 확인하고 더 나아가서는 폰트, 들여쓰기까지 맞춰서 거기에 더불어 표지 추천서, 회사 로고, 자기 명함까지 덧붙여서 제출하는 분이 있는가 하면 어떤 헤드헌터는 후보자가 보내온 이력서 그대로 연락처도 지우지 않고 PM이나 고객사에 던져 넣는 분도 있습니다.

다시 한번 이야기하는 것이지만 '정답'은 없습니다. 또한, 제가 두 번째 스타일의 업무 유형이라서 반드시 꼼꼼히 살피는 유형을 부정적으로 이야기할 의도 또한 절대로 아닙니다. 그러나 제가 나름 많은 경험을 해본 뒤에 내린 결론은 '헤드헌터는 후보자를 화장까지는 시키더라도, 성형수술을 시켜서는 안 된다[5]입니다.

제가 볼 때, 지나칠 정도로 후보자가 보내온 이력서를 폰트까지 맞춰

---

5 이 표현은 제가 오래전에 저희 서치펌 직원들을 대상으로 교육자료에 처음 사용했던 말이고, 그 이후에 한 인터넷 헤드헌터 카페에 올린 글에 사용했던 말인데, 이미 출간된 다른 헤드헌터 소개서 책자에 인용이 되어 있더군요.
제가 처음 사용한 표현이 널리 알려진 점은 기쁜 일이기는 하면서도, 출처를 알면서도 밝히지 않고 출간한 부분은 좀 서운하기도 하다는 점을 밝힙니다.

가면서, 들여쓰기까지 맞춰 가면서 심지어는 자기소개서를 거의 대필해 주는 수준까지 편집하는 경우를 바라볼 때면 헤드헌터라는 직업이 후보자를 보기 좋게 다듬고 포장해서 고객사에 추천하는 것까지는 업무의 성격에 맞는 일이라고 할지라도 과연 그 이력서가 이력서를 직접 작성한 후보자의 '특성과 성향, 장단점'까지 판별할 수 없도록 만들어서 구인 회사에 후보자를 추천하는 것이 옳은 일인지 하는 의구심이 들 때가 많이 있습니다.

어느 정도의 오타도 엉성한 표현도 혹은 글자 폰트가 틀리고 줄도 잘 맞추지 않은 것 또한 그 후보자의 '절박함'과 '문서 작성 능력'을 보여 주는 하나의 잣대가 될 수도 있다는 생각입니다. 그래서 저는 고객사가 그것을 객관적으로 판단할 수 있게 가급적 후보자가 보내온 이력서를 원본에 가깝게 제출하는 것이 더 옳은 방법이라고 설명 드리고 있는 것입니다.

그리고 더 중요한 이유는, 이력서 수정을 직접 해 보신 분들은 잘 아시겠지만 실제로 이력서 한 장을 제대로 다듬고 편집하는 것은 시간이 엄청 많이 소요되는 업무입니다. 만약 형식이 서로 다른 다섯 장의 이력서 모두를 하나의 통일된 양식에 맞춰서 일일이 편집하고 다듬다 보면 반나절은 금방 지나갑니다. 그런데 그 시간이면 더 좋은 후보자 몇 명을 더 연락하고 이력서를 받을 수 있을지 생각해 보면 아무리 좋게 이해하려고 해도 이건 계산이 나오지 않습니다.

앞의 글에서도 한번 설명드렸던 것처럼 헤드헌터 업계 평균 수수료 금액은 약 800만으로 봅니다. 서치펌 몫 30%를 떼면 헤드헌터 몫은 550만 원 수준이고, 억대 매출 헤드헌터의 경우 회사 수수료를 20%라고 가정하더라도 헤드헌터 몫은 평균 650만 원 수준입니다. 그렇다면 억대 매출을 달성하려면 나 혼자서 영업해서 나 혼자서 찾아서 합격시키는 후보자 기준으로 연간 최소 15명 이상을 합격시켜야 하고, 단독과 co-work을 절반 정도로 계산해도 연 평균 20~25명 정도는 합격을 시켜야 합니다. 여기에 역시 앞의 글에서 설명드렸던 헤드헌터 업계 평균 '합격후 입금되지 않는 비율 30%를 반영'하면 위 숫자에 0.7을 나눈 숫자를 실제로 합격시켜야 합니다.

실제로 억대 매출을 달성하시는 분들은 고액수수료(고액연봉자) 비율이 어느 정도 차지하기 때문에 실제로 30명, 40명까지 합격자를 내는 것은 아니지만 그래도 연 평균 최소 20명 이상은 합격자를 내어야 합니다. 그러려면 합격자의 5배수를 면접 보내야 한다고 계산해도 면접자 100명이고, 면접자의 5배수의 이력서를 제출하여야 한다고 가정해도 최하 일 년에 500장의 이력서를 제출하여야 하는데, 후보자 한 명 한 명의 이력서를 일일이 한 글자 한 글자 수정하면서 그 정도의 후보자를 합격시키는 것은 어려운 일입니다.

전체적으로 볼 때 한 명의 후보자 이력서를 오래 붙잡고 있는 헤드헌터들의 매출이 사무실 헤드헌터 1인당 평균 이상인 경우는 별로 없는 것이 현실이기도 합니다.

이력서 10장, 20장 보내야 한 명 합격합니다. 버려지는 9장, 19장에 낭비하는 당신의 노력이 아깝지 않으신지 생각해 보시기를 조언 드립니다.

화장과 성형수술의 경계선을 잘 찾으시길 바랍니다.

5-8.
후보자의 사전 인터뷰는 필요한가

이 명제 또한 제 결론을 먼저 말씀 드리면 '후보자의 사전 인터뷰는 필요 없다'입니다. 이 또한 다른 많은 헤드헌터분들이 말씀하시는 내용과 다른 내용일 수도 있을 것입니다. 구인 회사에 따라서 자신들의 이력서 양식을 요구하는 구인 회사가 있는 것처럼 회사에 따라서는 사전에 헤드헌터에게 사전면접을 통해서 '1차로 검증된 후보자'를 추천해 달라고 하는 경우도 종종 있습니다. 이런 경우도 달리 고민할 것도 없이 '갑'이 하라는 대로 따라가야지 별 수 없습니다. 그러나 위와 같은 특별한 상황, 즉 구인 회사의 요구가 있는 경우만 아니라면 저는 개인적으로 후보자의 사전 인터뷰는 반대입니다.

반대의 이유는 다음과 같습니다.

첫째, 이력서 수정의 경우와 마찬가지로 시간이 없습니다. 후보자의 사전 인터뷰는 이력서 수정하는 것보다 더 많은 시간이 필요합니다. 면접 대상 후보자를 사전 인터뷰하는 시간까지 써 가면서 매달 3명 이상의 합격자를 내는 것은 거의 불가능합니다. 고액연봉 또는 고위임원급 후보자의 경우나 고객사의 요청이 있는 경우에만 사전 인터뷰를 진행하더라도 시간이 부족한데 면접 대상자 대부분을 사전 인터뷰하는 것은 현실적으로 연 매출을 포기하지 않는 한 어렵습니다.

둘째, 내 판단이 고객사 인사담당자 또는 고객사 현업 팀장이나 임원의 마음이나 판단과 같을 수 없다는 점입니다. 과연 내 판단이, 내가 후보자에게 이렇게 해라 저렇게 해라 지시하는 '면접의 가이드'가 실제로 후보자를 채용하고자 하는 각각의 회사, 각각의 채용결정권자가 모두 다를 것인데 그 각각의 기준에 항상 맞출 수 있다고 자신할 수 없기 때문입니다.

면접은 필기시험이 아닙니다. 정답이 없습니다. 내가 좋게 판단한 후보자가 구인 회사 사장님의 마음에는 들지 않을 수도 있는 것이고 반대로 내가 보기에 절대 아니라고 생각했던 후보자가 최종 합격이 되는 경우도 많이 경험해 보았습니다. 저는 헤드헌터가 남의 인성과 능력을 정확하게 평가할 수 있는 '능력의 소유자'라고 생각하는 '오만함'을 경계합니다.

셋째, 어떤 헤드헌터 분께서는 사전면접의 또 다른 목적이 후보자에게 사전에 면접에 대한 '연습'을 시키는 효과가 있다고 말씀하기도 하는데, 실제로 직장 생활, 사회생활 10년 이상 된 경력직 후보자에 대하여 3, 4년 차 헤드헌터가 면접에 대비하는 연습을 시킨다는 내용에 대해서도 쉽게 공감하기 어렵습니다.

그동안 저 또한 사전 인터뷰를 많이 해 보았었고 제 주위에 많은 분들이 사전 인터뷰를 하시는 것을 보아 왔고 지금도 하고 계신 분들이 많이 있습니다. 그런데, 제가 보기에 사전 인터뷰를 반드시 하시는 헤드헌터 분들의 석세스 확률이 사전 인터뷰를 하지 않는 헤드헌터보다 대부분 높지 않습니다. 이것 또한 fact입니다.

끝으로 왜 헤드헌터가 사전 인터뷰를 좋아하는지 그리고 왜 헤드헌터의 사전 인터뷰가 헤드헌터 자신을 위험하게 만드는지 조금 다른 각도에서 사전 인터뷰에 대해서 이야기해 보겠습니다.

경력이 많은 헤드헌터들은 그런 오류가 적은 편입니다만, 초보 헤드헌터분들이 가장 쉽게 빠지는 오류 중의 하나가 헤드헌터 본인이 채용결정권자가 된 것으로 착각을 한다는 점입니다. 이런 이유로 co-work을 할 경우 초보 헤드헌터 분들의 경우 '본인이 찾은 후보자'를 억지로 고객사의 JD에 맞춰서 해석하고 PM에게 왜 이렇게 좋은 사람을 탈락시키는지 따지거나, 이만하면 좋은 후보자라고 용감한 주장을 하는 경우가 종종 있습니다. 그런데 이런 착각에서 아직 완전하게 나오지 못한 상황에서 '사전 인터뷰'까지 하다 보면 어느 순간에 그 헤드헌터는 본인이 대기업의 인사팀장이 되어 있습니다. 그리고 그 재미―저는 권력이라고 표현합니다―에 빠져 후보자와 면담을 하면서 아주 즐거운 시간(?)을 보냅니다. 그러다가 어떤 경우는 본인이 후보자를 탈락시키기도 합니다. 가장 큰 문제는 위에도 설명한 것처럼 그 사전 인터뷰를 하신 헤드헌터의 마음에 든 후보자가 과연 실제로 본선 무대인 고객사 면접에서 구인 회사 사장님이나 인사팀장님의 마음에 들어 취업 확률이 더 높다고 믿고 계실 수도 있을 것입니다.

그러나, 현실은 절대로 그렇지 않습니다.

주위에서 헤드헌터를 하면서 본인이 고객사의 인사팀장이 되어 헤드헌터 본인이 후보자의 당락을 결정하는 경우를 많이 보아 왔습니다. 그리고 지금도 많이 보고 있습니다. 대단히 위험한 생각입니다.

헤드헌터는 결혼정보회사 커플매니저와 비슷한 역할입니다. 상식적으로 세상이 일반적으로 요구하는 조건이 맞는 남녀를 만남의 장까지 인도하는 것이 커플매니저의 책임이고 두 사람이 마음에 들고 안 들고는 '사람과 사람' 사이의 일이므로 아무도 모르고, 나도 모르는 일입니다. 그런데 커플매니저가 마치 자신이 남녀 대상자 회원의 부모라도 된 것으로 착각하고 회원을 사전 인터뷰하고서 당신은 마음에 든다, 마음에 들지 않는다고 결정한다면, 그래서 커플매니저의 마음에 드는 남녀 상대방이 실제로 선을 본다고 해서 실제로 성혼 가능성이 올라가지는 않는 것과 같은 이치일 것입니다.

구인 회사, 구직자의 만남(면접) 또한 사람과 사람의 만남이고 그 결과는 아무도 모르는 것이기 때문입니다. 구인 회사와 구직자 역시 마찬가지로 상식적으로 서로 요구하는 '학력이나 경력 등' 조건이 어느 정도 일치하고 그 사실관계만 확인하고 서류심사가 통과되면 면접에 도착하게 만드는 것까지가 헤드헌터로서 의무이자 책임입니다. 그 다음의 영역은 헤드헌터가 상관해서는 안 되는 구인 회사의 결정 권한입니다.

　헤드헌터를 하면서 가장 쉽게 빠지기 쉬운 오류 중의 하나가 내가 헤드헌터가 아닌 고객사의 인사팀장으로 착각을 하는 순간이 오는 때가 있습니다. 빨리 그 착각과 환상에서 깨어 나와야 합니다. 헤드헌터는 절대로 인사, 채용 결정권자가 아닙니다. 사전 인터뷰를 하면서 나도 모르게 채용 채용결정권자인 듯한 느낌을 받을 때, 헤드헌터로서 가장 위험한 순간일 수 있습니다.

5-9.
말 바꾸는 후보자, 누구의 책임인가

이 주제는 이미 앞에 co-worker가 자주하는 실수라는 글에서 간단히 이야기했던 부분입니다. 그러나 워낙 중요한 내용이고, 후보자가 말을 바꾸는 과정에 대한 설명이 추가로 필요하다고 생각되어 한번 더 별도로 말씀 드리고자 합니다.

후보자가 나중에 말을 바꾸면 그 내용이 연봉을 더 달라는 것이든, 면접 날 no-show하는 것이든, 합격 후 연봉을 더 달라는 것이든 심하게는 합격 후 출근을 하지 않는 경우이든 혹은 합격 후 다른 데 취업되었다고 말하는 경우이든 co-worker의 입장에서는 '기분 나쁘고, 억울하고 본인이 그 동안 투자한 시간과 노력이 물거품이 되는 것'이기에 엄청난 손해를 본 것이라고 착각을 하고 "나는 왜 이렇게 운이 나쁠까?"라고 자신을 위로하면서 말 바꾼 그 후보자에게 욕 한번 하고 '피해자'인 척

코스프레를 합니다.

그러나 실제로 나중에 후보자가 말 바꾼 피해를 고스란히 짊어져야 하는 사람은 면접날 나타나지 않는 그 후보자를 찾은 co-worker가 아니라, '면접 당일 날 임원, 사장님을 시간 맞춰 면접실에 모셔 놓았던 구인 회사 인사팀장'입니다.

또한 합격 후 출근하지 않는 후보자를 찾은 co-worker가 아니라, '합격 후 연봉 6,000만 원 안 주면 안 간다는 그 후보자에게, 최대 지불 가능한 연봉 테이블이 5,500만 원이라는 내용을 헤드헌터에게 전달해 주고, 그 범위를 수용한 후보자만 추천했을 것으로 믿고 사장님의 면접 결과를 받아 들고 합격 통보를 하려던 구인 회사 인사팀장'입니다.

구인 회사의 인사팀장들은 직접 거래한 PM도 아니고, 통화 한번 한 적 없는 co-worker 때문에, 그 인사팀장은 월급쟁이로서 자신이 다니는 회사의 사장님이나 임원으로부터 무능하다는 이야기를 들어야 합니다. 그리고 그 인사팀장이 받은 스트레스는 고스란히 co-worker만 믿고 후보자를 추천했던 당신의 동료 PM 헤드헌터가 짊어지게 됩니다. 그리고 그 결과는 당신의 동료 PM 헤드헌터의 수입에 직접적인 금전적 손해를 끼치게 되고 나아가서 그 해당 서치펌 대표는 매출 감소와 그에 따른 수수료 감소라는 금전적 손해를 함께 입게 됩니다.

Co-worker 헤드헌터가 후보자에게 '이력서 한 장 받겠다는 욕심이 앞서' 또는 '어떻게든 이력서라도 한번 받아보려는 의욕이 앞서' 그 후보자가 직접 통화하고 메일을 주고받은 co-worker 헤드헌터에 대해서 '책임감이나 의무감 대신에' 헤드헌터를 쉽게 생각하게 만들고, 나중에 말 바꾸는 행동을 할 수 있는 여지를 만들어 준 것은, 구인 회사의 인사팀장도, PM도, 서치펌 대표도 아닌 결국 co-worker이기 때문입니다.

Co-worker 헤드헌터는 후보자가 말을 바꾼 것 때문에 본인이 들인 시간과 노력에 대해 분하고 억울하게 느끼면서 자신이 운 나쁜 헤드헌터라고 피해자인 척하는 동안에, 당신의 동료와 당신이 속한 서치펌은 '돈을 손해 보고' 있습니다.

그래서 후보자가 말을 바꾼 경우에 co-worker에게 제발 피해자 코스프레 하지 마시라는 말씀을 드리는 것입니다. 후보자가 말 바꾼 것은 100% co-worker(researcher)의 책임입니다 그래서 후보자에게 절대로 감정 이입하지 마시고, 구걸하지 말라는 말씀을 드리는 것입니다.

이해를 위해 좀 더 구체적으로 설명을 드리겠습니다. 실제로 통계적으로 보면, 일 잘하는 헤드헌터의 경우는 일 년에 20명 합격되는 후보자 중에서 막판에 말 바꾸는 후보자가 두세 명 나오는데, 어떤 헤드헌터는 일 년에 다섯 명 합격시키는데 일 년에 두세 명 이런 후보자가 나온다면 그런 나쁜 후보자를 만난 확률은 잘하는 헤드헌터는 약 10%인 반면에, 잘 못하는 다른 헤드헌터는 약 50%라는 의미가 됩니다. 이 의미는, 일 잘하는 헤드헌터는 후보자와 대화를 할 동안, 즉 이력서 받고, 수정하고, 추천하고, 면접 일정 잡고, 연봉협상 하는 그 단계단계마다 후보자에게 "아, 이 헤드헌터는 나를 도와주는 사람이다."라는 생각을 하게 만들었다는 의미이고, 혹시 그 수준까지는 못 가더라도 최소한 "아, 이 헤드헌터는 내게 고마운 사람이므로, 나중에라도 내가 이 헤드헌터가 곤란한 일은 하지 말아야 하겠다." 정도까지는 해당 후보자에게 의식(마음)을 심어 주었다는 뜻입니다.

반면에 본인만 운이 없다고 생각하는 50%에 가까운 많은 비율의 후보자가 말을 바꾸는 헤드헌터의 경우는 후보자와 이력서 받을 때부터 여러 번 후보자와 대화를 하는 과정에 그 후보자에게 "아, 이 헤드헌터는 나를 아쉬워하는 사람이다." 이보다 더 심하면 "아, 이 헤드헌터는 내가 함부로 대해도 되는 사람이다."라는 무의식을 그 후보자에게 심어 주었기 때문입니다.

절대로 억지가 아닙니다. 정확하게 통계로 나오는 숫자이고, 실제로 그렇게 벌어지고 있습니다.

후보자에게 이력서 받을 때, 면접 일정 잡을 때, 면접 후 연봉협상을 할 때 매 단계마다 절대로 후보자에게 '구걸'하지 마세요. 그것은 친절한 것이 아닙니다. 헤드헌터 본인도 모르는 사이에 이 후보자가 합격을 해야만 내가 수수료를 받을 수 있다는 생각 때문에 헤드헌터 본인도 모르게 후보자와 대화할 때마다 후보자에게 '사정'하고 '구걸'하게 됩니다. 그러는 동안에 후보자는 본인도 모르는 사이에 "아, 이 헤드헌터는 만만한 사람이다."라고 후보자의 머릿속에 자리잡게 되는 것입니다. 나중에 합격하고 말 바꾸는 후보자들 때문에 그동안 그 헤드헌터가 들인 시간과 노력까지 더해서 잃어버리게 됩니다. 그뿐만 아니라 해당 헤드헌터가 피해자라고 자신을 위로하는 동안에 PM은 그 헤드헌터가 후보자에게 잘못된 판단을 심어 준 것 때문에 '진짜 피해자'가 만들어지게 됩니다.

다시 말씀 드리지만, 나중에 후보자가 말을 바꾸면 이력서 받은 co-worker 헤드헌터는 단순히 헛수고한 것으로 끝나지만 PM은 그리고 서치펌은 후보자가 잘난 줄 착각하게 만들어 준 co-worker 헤드헌터 때문에 고객사에게 신뢰를 잃고 다음 오더를 받는 데 나쁜 영향을 받아 '돈을 잃게' 됩니다. 후보자가 현실과 다른 착각을 하게 만든 것도, PM과 고객사에게 뒤통수를 맞게 만든 것도 후보자와 직접 만나고 대화한 co-worker 헤드헌터입니다. 그래서 후보자가 말을 바꾼 경우에 co-worker 헤드헌터는 피해자가 아닌 가해자입니다.

인간은 자기가 어떤 결정권을 가지고 있다고 느끼는 순간, 그 결정권이라는 권력을 행사하고 싶어 합니다. 이는 본능적인 것입니다. 요즘 사회 이슈화되고 있는 '갑질' 또한 인간의 이런 속성 때문에 생겨나는 현상입니다.

잠시 옆길로 새어 이와 유사한 아주 흥미로운 예를 하나 들어 보겠습니다. 구인 회사에서 3명의 후보자를 면접을 보고자 통보하면서, 다음 주 월요일, 화요일 중에서 후보자들이 편한 날짜에 오전 10시 또는 오후 2시 중에 시간을 조정해 달라고 연락을 받았다고 할 경우에 3명의 후보자에게 구인 회사에서 온 내용 그대로 여러 개의 option을 제시하면 90% 이상, 적어도 한 명 이상은 저 많은 날짜와 시간 중에서가 아닌 다른 날짜, 다른 시간이 가능한지 물어봅니다. 그런데 위 일정 다 무시하고 헤드헌터가 일방적으로 후보자에게 'A' 후보자는 월요일 오전 10시, 'B' 후보자는 월요일 오후 2시, 'C' 후보자는 화요일 오후 2시로 결정해서 통보하고 이 시간 못 맞추면 면접 기회는 없다고 통보를 하면 이상하게도 확률적으로 대부분의 후보자 모두가 그 시간을 맞춘다고 합니다. 이건 분명한 fact입니다.

후보자가 나쁜 것이 아니라, 인간은 원래 그런 것입니다. 홈쇼핑 채널에서 마감임박, 매진임박이라는 '매번 뻔한 이야기를 떠드는 것' 또한 이번이 당신이 가진 유일한, 마지막 기회라고 할 때 사람은 조급하고 절박해지는 것이고, 내가 선택할 수 있는 많은 기회가 주어지면 그 권력을 누리고 싶어하는 것이 인간의 속성일 뿐입니다.

후보자를 대할 때에 헤드헌터인 내가 아쉽고, 후보자에게 끌려 다니는 대화를 하는 분은 본인도 모르게 후보자를 들뜨게 만듭니다. 그리고 그 결과는 나중에 후보자가 본인의 처지가 '구직을 하는 사람'이 아니라, '고액의 프로야구 자유계약선수'라도 된 것처럼 착각하게 만들어 버립니다. 그리고 그 슬픈 마지막 결론은 그 후보자는 본인에게 충분히 좋은 기회인 일자리도 자신의 능력 이상의 연봉을 요구하다가 놓치게 만들고, 고생한 헤드헌터 본인은 후보자에게 뒤통수 맞는 결과를 가져오고, co-worker를 믿고 후보자를 추천한 PM은 고객사로부터 신뢰를 잃고 나중에는 오더를 받지 못해 수백, 수천만 원의 금전적 피해를 입기도 합니다. 물론 다소 극단적인 예를 든 경우입니다만 실제로 헤드헌터 일을 하면서 자주 발생하는 현상입니다.

절대로 후보자에게 구인 회사에 입사 지원을 유도하거나, 부탁하는 식으로 설득해서 이력서를 받지 마세요. 내가 전문가로서 너의 취업 가능성을 높게 해 준다는 의미로 설득을 하세요. 후보자는 헤드헌터인 내 덕분에 이런 기회를 얻는다고 설명하세요. 싫으면 그만두라고 당당히 말씀하세요. 배부른 후보자의 이력서 과감하게 버리고, 다른 목마르고 절박한 후보자 더 찾으면 됩니다. 우리는 인사청탁을 하는 사람이 아닙니다. '취업을 희망'하는 적합한 사람 추천하고 그 대가로 구인 회사에서 돈 받는 사람입니다. 그리고 그 후보자가 나중에 어떻게 행동하는가 여부는 그 후보자의 인간성이 아니라, 헤드헌터인 당신이 후보자를 어떻게 만들었는가에 따라서 결정되는 것입니다.

5-10.
후보자가 착각하는 것들

이 내용은 헤드헌터를 잘하는 내용과는 조금 동떨어진 내용이기는 합니다만, 궁극적으로 잘하는 헤드헌터는 무엇보다 본인이 상대하는 후보자에 대해서 '객관적이고 정확한 현실'을 알려 주어야 하는 것 또한 헤드헌터의 책임이자 의무입니다. 그래서 이 글에서는 헤드헌터를 하면서 느끼는 많은 후보자 분들이 오해를 하고 착각하는 부분에 대하여 몇 가지 정리해 보고자 합니다.

첫째, 헤드헌터에 대한 오해를 하지 말아라

앞의 글에서 설명드린 것처럼, 현재 대한민국에 헤드헌터라는 명함을 들고 다니는 사람의 숫자가 10,000명이 넘게 있습니다. 그리고 그중에 70% 이상은 본인의 수입이 대한민국 최저임금 수준도 못 벌어 가는 사람들이고, 그중에 절반 이상은 일 년 안에 헤드헌터를 포기하고 다른 일을 찾아 떠날 사람들이기도 합니다. 단순하게 이야기하면 여러분이 만나는 헤드헌터 중에 산술적으로 70%는 진짜 헤드헌터가 아닙니다. 더 냉정하게 말씀 드리면 헤드헌터 중에서 일 년에 억대 매출 이상을 올리는 헤드헌터 숫자는 3% 수준입니다. 후보자 여러분이 헤드헌터로부터 연락을 받는다면 그중에 70%~80% 정도는 정말로 능력 있는 헤드헌터가 아닐 가능성이 더 높다는 이야기입니다.

헤드헌터 몇 명에게 이력서 몇 번 보냈던 경험만 가지고 헤드헌터 전체를 판단하고 평가하면서 본인에게 찾아올 진짜로 좋은 기회를 놓치는 실수를 하지 않으시기 바랍니다.

구직이나 더 나은 조건으로 이직을 하고 싶다면 좋은 회사를 찾는 수고만큼 좋은 헤드헌터를 찾는 수고를 하시기 바랍니다. 회사에 대한 질문, position에 대한 이해, 얼마나 많은 경력직 후보자를 합격시켜 보았는지 직접 묻고 확인하신 다음에, 충분한 자격과 실력을 갖춘 헤드헌터를 찾아서 당신의 이력서를 맡기십시오.

둘째, 당신은 프로스포츠 자유계약 선수가 아닙니다. 아무도 당신을 스카우트하지 않습니다

대한민국의 어떤 구인 회사도 어떤 헤드헌터도 당신을 스카우트하지 않습니다. 물론 아주 특별한 position이거나 아주 특별한 경력의 소유자

이거나 연봉 수준이 3억 이상인 position이라면 스카우팅 대상인 후보자가 있을 수도 있겠지만, 대한민국에서 서치펌이나 헤드헌터에게 의뢰되는 경력직 채용의 95%는 스카우팅이 아니라, 조건에 맞는 복수의 후보자를 추천하고 그중에서 구인 회사가 평가하는 '경쟁 채용'입니다. 온라인에 이력서를 공개하였다는 의미는 구직이나 이직 의사가 있다는 것을 전제로 헤드헌터 업무가 진행되는 것입니다. 내 몸 값이 어떤지, 혹시 어디서 연락이 오는지 궁금해서 이력서 올린다거나 혹시 누군가 지금의 내 연봉보다 20% 이상 더 주는 회사가 있다면 옮길 마음이 있어서 이력서 올리는 경우라면, 하지 마세요. 당신은 류현진도 손흥민도 아니기 때문입니다.

헤드헌터가 당신에게 연락을 한다는 의미는,

1) 당신이 구직 또는 이직 의사가 있다는 것을 전제로
2) 당신의 경력에 부합되는 새로운 일자리에
3) 당신이 미처 모르고 있던 구인 회사의 정보와 취업 조건을 소개해 주는 의미이고,
그 헤드헌터에게 이력서를 전달한다는 의미는
4) 비슷한 조건의 다른 후보자(구직, 이직 희망자)들과 경쟁하여 이기는 경우에 새 자리로 입사를 할 수 있다는 의미입니다.

당신이 구직 또는 이직 의사가 있을 때에 당신보다 더 많은 취업 정보와 당신보다 더 많은 구인 회사의 정보를 가지고 있는 헤드헌터가 그 취

업의 기회를 그 취업의 정보를 당신에게 제공하는 역할을 하는 것이지, 당신을 그 자리에 맞춰서 채용을 결정하는 사람도 아니고, 구인 회사 역시 당신 한 사람만을 채용하고자 헤드헌터에게 의뢰를 하는 것이 아니기 때문입니다.

그러나 제 글의 앞부분에서도 설명드렸던 것처럼 헤드헌터는 당신이 일반적으로 온라인에서 접할 수 있는 회사의 정보보다는 훨씬 많은 정보를 가지고 있고, 채용 과정의 단계도 더 많이 경험해 본 사람들이고, 구인 회사의 연봉 테이블 또한 더 정확하게 알고 있는 사람들이기 때문에 그리고 가장 중요한 것은 당신이 직접 지원한 수많은 이력서 중의 하나가 아닌, 헤드헌터를 통해서 한번 검증되고 당신의 이력서 앞 장에 한 줄의 추천서라도 덧붙여서, '당신의 이력서를 한번 더 관심을 가지고 보아 달라는 한 줄의 comment'라도 적어 주는 역할을 하는 것이 헤드헌터입니다.

셋째, 이직이 연봉의 인상을 보장하는 것은 아니다

경력직의 채용에는 기본적으로 이전 직장에서의 연봉 수준과 동일하게 또는 약간의 인상은 감안하는 것이 일반적인 경우입니다. 그러나 그것이 연봉이나 처우의 대폭적인 인상을 의미하지는 않습니다.

설혹 당신이 정말로 그 자리에 반드시 필요한 인재이기 때문에 꼭 채용하고 싶은 상황이라고 할지라도 구인 회사는 당신 한 사람을 채용하기 위해서 기존에 그 회사에 근무 중인 다른 직원들이 납득할 수 없는 수준의 처우를 주면서 채용하지는 않습니다. 당신이 A회사에서 연봉 5,000만 원을 받고 있었다면 B회사에도 그 수준 또는 조금 더 줄 수 있을 뿐입니다. 연봉 6,000만 원 이상으로 주면서 당신을 채용하지는 않습니다. 새로운 한 사람 때문에 동일 근속 연수에 4,800만 원을 받던 직원들이 위화감을 느끼게 만들면서 경력직을 채용하는 회사는 없습니다.

구직이나 이직의 경우 연봉상승까지 조건으로 삼지는 마시라는 조언을 드립니다. 물론 당연히 월급쟁이는 월급을 많이 받는 것이 중요하고 직장을 선택하는 데에 가장 큰 요인인 것은 맞습니다. 그러나 동시에 그 직종의 해당 연차에 받는 시장의 평균 연봉수준이라는 것 또한 존재합니다.

좀 더 솔직하게 이야기하겠습니다. 당신이 온라인에 이력서를 올렸다는 의미는 지금의 회사를 떠날 마음이 있다는 의미입니다. 단지 월급 때문만은 아닐 것입니다. 그 진짜 이유가 무엇이든 간에.

제6장

Beyond
Headhunter

6-1.
Ace PM에게 전담 리서처는
왜 불가능한가

(이 내용은, 헤드헌터를 조금 오래해 보신 분들에게 해당되는 다소 전문적인 이야기입니다.)

전형적으로 억대로 몇 년을 꾸준히 벌어 오는 헤드헌터들이 많이 고민하는 상황입니다. 지금까지 주로 본인 오더를 본인이 혼자 찾아서 가끔 바쁠 때에만 가끔 본인의 전체 오더 중에 30% 정도만 다른 헤드헌터들에게 co-work을 open하는 수준으로, 매년 1억 초반 수준으로 몇 년 정도 꾸준히 매출을 올려 오신 분들의 경우에 해당합니다. 이런 경우 매출을 좀 더 늘리고 싶은데 '추가로 양질의 오더를 더 가져오는 것은 별 문제가 없으나, 본인 오더만 독점적으로 집중해서 서칭을 해 줄 리서처를 구하게 되는 단계'가 오게 됩니다.

이런 과정에서 검토하는 대안은, 첫째, 내가 독립해서 회사를 차려서 '일 잘하는 신입 리서처 두 명 정도 고용'해서 매출을 올리는 방법, 둘째, 내가 개인적으로 외부 또는 내부에 별도의 월급을 주면서 내 전담 리서처를 고용하여 '내 오더만' 서칭하도록 하는 방법, 셋째, 소속된 서치펌에 새로 입사하는 신입 헤드헌터 중에서 '내가 잘 설득하여 내 오더만 전담하도록 유도하는 방법' 등을 고민합니다.

제가 두 가지만 질문 드리겠습니다.

첫째, 당신은 얼마를 더 벌고 싶은신가요?
둘째, 당신이 그만큼 더 버는 동안에, 그 전담 리서처는 얼마를 벌고 싶을 것이라 생각하는가요?

잠시 숫자 놀이 좀 하겠습니다. 위 방안 중에 어떤 방법을 선택하든 우선 내 order만 전문적으로 서칭을 하는 전문 리서처를 두려면 '그 리서처가 오직 내 오더만 서칭할 수 있는 이유가 될 최소한의 수입'을 보장해 주어야 한다는 점을 먼저 생각해 보아야 합니다. 이게 가장 중요한 요점입니다.

현재 혼자서 평균매출 1억 2천만 원을 하고 있는 경우로 예를 들어 보면, 내 기존의 수입을 줄여가면서까지 전담 리서처를 둘 이유는 없으므로 내 기존의 매출 1억 2천만 원은 계속 나 혼자서 진행한다는 것을 전제로 하면(이 정도 실적의 헤드헌터라면 대부분의 서치펌에서 2 대 8

조건으로 합의합니다), 나는 헤드헌터 수입으로 9,300만 원(회사 20% 2,400만 원 원천징수 3.3% 약 300만 원 공제 후) 정도를 가져갑니다.

여기에 나를 전담으로 도와주는 리서처의 도움으로 그 금액 이상을 벌고자 하는데, 그럼 내가 늘어나는 수입이 얼마(A원)일 때에, 즉 내가 9,300만 원+A원을 벌어 갈 때 나를 전담으로 도와주는 리서처는 얼마를 벌어 가면(서) 납득을 할 것인지를 생각하여야 합니다.

단순히 내가 매출 기준 5천만 원을 더 오더 받아서 리서처에게 전담시켜서 5천만 원의 매출이 더 늘어난다고 가정하면 내 수입은 9,300만 원+(2,500만 원×80%×96.7%=1,934만 원)=약 1억 1,200만 원인데, 반면에 리서처는 2대 8이 아니고 3대 7을 적용받기 때문에 2,500만 원×70%×96.7%=1,692만 원을 벌어 갑니다.

<u>PM이 일 년에 1억 1,200만 원을 벌어 가는데 그 PM의 오더를 전담 서칭하면서 매년 1,700만 원을 벌어 가면서 만족할 리서처는 한 명도 없습니다.</u>

위 계산에 따르면, 내가 일 년에 5,000만 원의 오더를 추가로 받아 와도 리서처는 겨우 1,700만 원 정도의 수입밖에 벌어 가지 못하기 때문에, 결국 최소한 일 년에 추가로 1억의 오더를 더 받아 온다고 가정해야만, 내 수입과 리서처의 수입은 위 계산의 두 배가 됩니다.

그러면, 내가 기존에 벌던 1억 2천만 원의 매출은 나 혼자서 열심히 해서 벌고 여기에 더해서 추가로 1억의 오더를 더 받아 온다고 할 때에(여기서 매출 1억은 실제로 후보자 추천해서 석세스 난 경우의 매출만 계산한 금액이기 때문에 실제는 3억어치 물량(오더)을 받아 와야만 이 정도 숫자가 나옵니다), 그러면 나는 9,300만 원+3,868만 원(위 계산의 두 배)=1억 3천만 원 리서처는 3,400만 원 정도 벌어 갑니다.

그렇다면 현재 나 혼자 바쁘게 일해서 1억 2천만 원의 매출을 올리면서 내 주머니에 9,300만 원 벌어가는데

첫째, 여기서 차라리 나 혼자 좀 더 열심히 해서 5천만 원 정도의 오더를 더 받아서 내가 혼자 서칭해서 쳐 내면서 80%인 4,000만 원 더 벌어가는 것과,

둘째로 아니면 1억을 오더 더 받아서 co-work 관리하면서 리서처 눈치 보아 가면서 리서처는 자기가 찾은 후보자를 가지고 PM은 1억의 매출을 올렸는데 리서처 본인은 3,400만 원 벌어 가면서 PM인 내가 가져가는 1억 3천만 원에 대해서 질투심이나 서운한 감정을 갖지 않기를 바라면서 사는 것

중에서 어떤 쪽을 내가 선택하는 것이 합리적인 선택이 될 것인지 정답은 간단한 것입니다.

누군가 남이 오직 내 오더만 전담으로 서칭하면서 PM은 1억 3천만 원 벌어갈 때에 리서처는 자신이 전담으로 찾은 후보자를 통해서 1억 매출을 올리면서 리서처 본인은 3,400만 원만 벌고 행복한 리서처는 없습니

다. 그리고 리서처는 자기가 찾은 후보자가 합격함으로써 발생한 매출 전체인 1억을 자신이 매출 올렸다고 생각합니다. 그러면 리서처는 남의 오더에도 관심을 갖기 시작하게 되고, 그 다음에는 스스로 PM이 되려는 노력을 하게 되는 것입니다.

그래서 헤드헌터에게 전담 리서처는 불가능한 것입니다. 그래서 서치 펌 사무실에 있는 불특정 다수의 co-worker분들에게 도움을 받는 것이 정답입니다.

내 오더만 찾아 주는 충성스러운 리서처를 찾지 말고 내 오더를 맛있게 만들어서 전체 co-work 시장에 내 놓는 노력을 하여야 한다는 의미입니다(친절한 PM, 좋은 오더, 높은 수수료 오더, 빠른 피드백 등등).

그러면 어느덧 내 오더에만 관심 갖고 몰려드는 co-worker가 생겨나고, 나는 PM으로서 그 co-worker의 매출에 부담을 가질 아무런 이유도 없는 '편한 그리고 서로 win-win하는 동료'가 됩니다. 그 대신 그 co-worker는 언제라도 내 오더가 아닌 다른 PM의 오더를 찾아 떠날 수 있는 것이고요.

바꾸어 말하자면 내가 PM인 나에 대한 로열티를 갖는 내 전담 리서처에 대한 기대를 포기하는 순간, 나는 PM 입장에서도 선택의 폭이 넓어지게 되는 것이고, 서로 책임질 필요도 부담을 느낄 필요도 없게 되는 반면에 나는 PM으로서 꾸준히 내 오더를 '좋게 만드는 노력'을 계속하여야 한다는 의미이고, 이는 점점 게을러질 수 있는 PM인 자신에게 보다 더 좋은 오더를 찾고 만들어 가도록 노력을 쉬지 않게 해 주는 원동력이 되기도 합니다.

만약 프리랜서 조직인 서치펌에서 내 오더만 전담해서 찾아 주는 리서처를 원한다면 그에 상응하는 금전적인 보상을(내 몫을 포기해서라도) 해 주는 방법을 선택하여야 한다는 의미일 것입니다.

6-2.
돈 버는 PM 또는
Co-Work의 Action Plan
(아무도 가르쳐 주지 않는 돈 버는 방법)

본 내용은 최소 30명 이상의 헤드헌터가 근무하시는 중형 이상의 서치펌에 해당되는 내용입니다. 그리고 본 내용은 최하 일 년 이상 헤드헌터 해 보신 분들 그리고 연 매출 1억 이상을 목표로 하는 헤드헌터 분들에 해당되는 내용입니다.

PM인 헤드헌터 P-a. P-b, P-c, P-d,…가 있고,
Co-work인 헤드헌터 C-a, C-b, C-c, C-d,…도 있습니다.

한 서치펌에 3개월 6개월이 지나면 대충 나하고 맞는 PM, 나하고 맞는 co-worker가 생겨납니다.

당신이 PM의 입장이라면, P-a는 C-a, C-f, C-m 세 명을 찾으시고, 내 오더만 좀 도와달라고 하세요. 경우에 따라서는 세 명 모두가 하

나의 P-a의 오더를 찾을 수도, 경우에 따라서는 한 명만 찾을 수도 있습니다. 꼭 세 명이 아니라 다섯 명이라도 상관없습니다. PM P-a는 자기 자신만의 내 P-a의 small group을 형성하라는 의미입니다. P-a가 각 co-worker 한 명씩에게 매출 기준 5천만 원 오더를 받아 온다고 가정해 보겠습니다.

P-a와 C-a는 각각 2,500만 원의 매출이 올라갑니다. P-a는 이런 co-worker 4명만 함께 그룹을 이루면 1억 매출입니다. 진짜 돈 되는 오더는 본인이 직접 서칭해서 진행하면 일 년에 1억 5천에서 2억 벌어 갑니다. 그리고 P-a 덕분에 co-worker 4명은 각 2,500만 원 매출이 올라갑니다.

반대로 당신이 co-worker의 입장이라면 C-a는 P-a, P-s, P-r 세 명을 찾아서 결정하세요. 그리고 찾아갈 필요도 없습니다. 그 PM들의 오더를 공부하시고 남보다 더 열심히 찾아서 좋은 이력서를 많이 넘겨주세요. 몇 번만 그렇게 하면 그 PM들은 C-a를 찾아와서 다음 오더는 당신만 open할 테니 집중해서 찾아달라고 자연스럽게 부탁하게 됩니다.

그런 식으로 PM을 고르세요. 그래서 일 년에 내게 2,500만 원어치의 매출을 올려줄 수 있는 PM 3명 내지 5명에 집중하세요. 그러면 일 년에 1억 매출이 올라갑니다(좀 더 정확하게 설명 드리면 PM 개인보다는 PM들이 관리하는 특정 회사에 집중하시는 것이 유리합니다. 특정회사 3~5곳에 집중하세요). 절대 PM이든, co-worker이든 한 명하고만 짝 짓

고 목 매달지 마세요

다른 글에서 설명드린 것처럼 내가 함께 일해야 하는 PM은 착한 사람, 마음 맞는 사람을 선택하는 것이 아닙니다. 돈 벌어 주는 사람(합격자 잘 내는 PM)하고 하는 것입니다. 그리고 10명의 PM, 20명의 PM 모두하고, 눈에 보이는 오더 전부하고 co-work하려고 무리하지 마세요. 10개, 20개 position 모두에 이력서 넣겠다고 애쓰지 마세요.

혹시라도 잘하는 사람끼리만 먹고 살까 봐 염려되신다면, 당신이 70점짜리 헤드헌터라면 70점짜리 오더하면 됩니다.

100점짜리 오더나 70점짜리 오더나 이력서 한 장당 성공 가능성은 10% 남짓입니다. 그 차이는 불과 몇 퍼센트 차이입니다. 100점짜리 오더의 성공 가능성이 15%라면, 70점짜리 오더의 성공 가능성도 10%는 됩니다. A급 수준의 선수들이 100점짜리 오더에 이력서 10장 받아 1건 석세스 날 동안에 B급 수준인 나는 70점짜리 오더에 이력서 13장 받아 1건 석세스 나면 됩니다. 그러다 보면 나도 어느새 A급이 되어 있습니다.

그리고 여기서 가장 중요한 것은 PM이든 co-worker이든 내 partner는 항상 영원한 것이 아닙니다.

일 년에 20%, 30%는 반드시 물갈이 하셔야만 각자 경쟁력을 유지하고 매너리즘에 빠지지 않습니다.

**연봉 1억 헤드헌터
그들은 어떻게 일하는가?**

6-3.
청년실업의 책임은 청년에게 있다

물론 지금의 시대를 살면서 30년 전의 상황을 견강부회(牽强附會) 할 의도는 없습니다. 과거에는 직업이 먹고 사는 문제와 직결되었기 때문에 취업은 선택이 아닌 생존을 위한 필수적인 항목이었고 요즘처럼 나라가 정해 준 최저임금이 있는 것도 아니었기에 취업을 위한 진학, 졸업 후 취업이 대부분의 사람이 거쳐야 하는 과정이었던 반면에 최근에는 편의점이나 커피전문점 알바를 하면서도 자기 한 사람이 '먹고, 자고, 쓰는' 최소한의 생계비는 벌 수 있는 환경이 되었기 때문에 '워라밸'이라는 개념까지 등장하게 된 것이라 생각합니다.

그러나, 요즘 젊은 세대의 직업관에 대한 내가 살았던 시절과 '다른 생각'을 겪다 보면 아무리 이해하려고 노력해도 이해가 되지 않는 부분이 있습니다.

저희 헤드헌터들 사이에서는 공공연한 이야기가 있습니다. 저 또한 수백 명의 후보자들을 면접 조율해 본 경험치로 볼 때 절대적으로 동의하는 이야기입니다.

면접 일정이 잡히고 난 뒤에, 면접장에 no show하는 비율을 보면 20대는 30%, 30대는 20%, 40대는 10%, 50대는 1%입니다. 실제로 40대 이상의 경우 특히 40대 후반 이상의 경우는 면접을 못 오게 되는 경우일 때라면 최소한 하루 전날 연락이라도 옵니다. 완전 no show는 거의 없습니다.

위 숫자를 처음 접해 보시는 분들은, 대부분 젊은 사람들이 취업에 '덜 절박하기 때문'이라고 생각하십니다. 물론 그것이 가장 큰 이유일 것입니다. 그런데 위 숫자에 숨어 있는 더 무섭고 슬픈 현실은 위 숫자는 면접을 가지 않는다고 마음이 바뀐 사람의 숫자가 아니라, 면접 날 당일에 아무런 사전 연락도 없이 나타나지 않는, 말 그대로 no show 비율입니다.

면접 일정 잡히고 면접 전에 연락 와서 면접을 못 간다고 미리 연락이 온 숫자까지 합하면 20대는 약 50%가 면접 약속을 어깁니다.

제가 여기서 30%, 50%의 숫자만 가지고 그 세대가 취업 의지가 박약(薄弱)하다거나 절박함이 부족하다는 이야기를 하려는 것이 아닙니다. 이 숫자가 가리키는 진짜 의미는 대한민국 20대의 30%는 '사회생활'을 할 준비가 전혀 안 된 사람들이라는 의미입니다.

더 재미있는 말씀을 드리면, no show 이후에 헤드헌터가 연락을 하면 대부분이 '마음이 바뀌었다.' '생각해 보니 아니더라.' 등등의 듣기에 따라서는 전혀 설득력 없는 이유를 대는 경우가 대부분이고, 여기에 더 황당한 것은 그런 행동에 대해 조금이라도 잔소리나 조언을 하려고 하면 바로 휴대폰 꺼 버리고 잠수를 탑니다. 참 편하게 사는 세대입니다.

더 말이 되지도 않는 변명은 휴대폰 배터리가 다 되었다, 휴대폰 잃어버렸다 등등의 변명을 하는 20대도 종종 있습니다. 밥 먹을 때에도 횡단보도 걸을 때에도 손에서 놓지 못하는 핸드폰을 면접 날 아침에 잃어버렸다는 변명을 합니다. 어쩌면 변명을 하더라도 이다지도 응용력조차 없는지 측은한 생각마저 들게 하는 사람들이 많이 있습니다.

청년 여러분께 한 가지 실제 상황을 예를 들어 설명드려 보겠습니다.

27살 신입 구직자 한 명이 면접 날 나타나지 않았습니다. 그러면 단순히 그것으로 끝이 아닙니다. 그 한 명의 후보자를 면접 보기 위해서 회사에서는 30대 과장, 40대 부장 그리고 50대 임원까지 면접에 온다고 약속해 놓고 나타나지 않는 27살 신입사원 후보자 한 명 때문에 30분, 한 시간을 낭비하게 됩니다. 거기에 더해서 헤드헌터 두 명(PM과 co-worker)까지 욕을 먹습니다.

자기만 생각하는 세대, 자기가 약속을 어김으로써 본인이 취업을 하면 자기에게 월급을 줄 사람이고 자기에게 업무를 지시할 자신보다 더 <u>나이 많은 사람들의 시간 30분, 한 시간을 '훔치는 행위'에 대해서 '아무 생각 이 없다'라는 것입니다.</u>

40대 이상에서 no show의 비율이 낮은 것이 단순히 취업이 절박하다 는 이유 때문만은 아닐 것입니다. 취업이 더 절박하기 때문이라는 이유 보다는 아마도 사회생활을 더 해 보았기 때문에 '이 세상은 나 혼자만 사 는 것이 아니라 누군가와 더불어 살아가는 곳이고, 내가 약속을 어기면 상대방의 시간을 빼앗는 것'이라는 사실을 알고 있기 때문일 것입니다.

'꼰대세대'라고 말은 쉽게 합니다. 그런데 말입니다. 20대 여러분이 월 급을 받아야 하는 20대 여러분들에게 월급을 줄 세대는 꼰대세대입니 다. 40대, 50대의 가치관에 동의해 달라는 요구는 하지 않습니다. 그러 나 40, 50대를 꼰대라고 비난하기 이전에 그들의 시간을 그들과의 약속 을 존중해 주는 '사회의 일원으로서' 최소한의 기본은 갖추시기 바랍니 다. 타인을 존중하지 않으면서, 타인의 시간에 대해서는 귀한 줄 모르면 서 나만 중요하다고 생각하는 자세를 가지고 사회를 원망하면서 '희망이 없는 세대'라고 자신을 변명하지 마시기 바랍니다.

청년실업의 책임은 청년에게 있습니다.

6-4.
압박면접에 대응하는
헤드헌터의 자세

헤드헌터가 사전면접을 하는 것을 반대하는 이유는 앞에 글에서 한번 설명을 드렸던 내용이고, 여기서는 일부 구인 회사에서 행해지고 있는 소위 '압박면접'이라는 것에 대해 한번 이야기해 보고자 합니다.

먼저 조금은 주제가 벗어나는 이야기일지 모르겠으나, '갑'과 '을'의 관계가 가장 적나라하게 드러나는 현장의 순위 중에 대표적인 '갑', '을' 관계라는 대기업과 하청업체의 관계보다 더 심하다는 경우를 보면 그 첫 번째는, 판사와 피고인, 두 번째는 교수와 대학원생 그리고 세 번째는 의사와 환자라고 합니다. 그런데 이 경우보다 더 심한 '갑'과 '을'의 관계 중에 1위를 차지한 것이 면접 장에서의 '면접관'과 '구직자(후보자)'의 관계랍니다. 제가 여기서 정확한 출처까지는 기억하지 못합니다만, 실제 연구 결과입니다.

직업을 구하기 위해 그 자리에서 무조건 잘 보이고 살아남아야 하는 자(약자인 '을')를 취업 결정권을 가진 자(권력을 가진 강자인 '갑')가 그가 실제로 회사의 주인이든 아니든 상관없이 심사를 하는 그 자리야말로 가장 불평등이 심한, 일방적인 '갑'과 '을'의 극단적인 불평등의 관계가 형성되는 자리라고 합니다.

쓸데없는 이야기가 길었습니다. 제 개인적인 생각으로는 '한국 사회의 특성'상 어쩔 수 없는 일이기는 하고, 취업을 시켜야만 하는 우리 헤드헌터의 입장에서는 후보자를 잘 설득하고 달래야 하는 입장이기는 합니다만, 개인적으로 압박면접이라는 용어나 그 행동 자체에 대해서 상당한 거부감과 불쾌한 입장입니다.

실제로 오너가 아닌 면접관이 그런 압박면접을 하는 경우에는 저는 감히 인사팀에 직접 이야기를 합니다 요즘같이 sns가 발달한 세상에 '면접에서 떨어진 결과에 불만을 품고' 압박면접 과정에 대해 비난의 글을 올리거나 할 경우, 회사의 이미지가 아주 나빠질 가능성이 있고 이는 경영진 쪽에서 '압박면접'을 담당했던 인사나 해당 부서장에 대해 '문책'의 가능성이 있으니, 가급적 압박면접을 하시더라도 '직무'나 '실무지식'에 관한 것으로 하시고 '개인적'이거나 '사생활' 관련 내용 등은 삼가 주시기를 부탁한다고 정중하게 이야기합니다. 대부분의 인사담당자들 같은 경우 이렇게 잘 설명하면 그 다음부터는 조금 부드러워집니다.

실제로 압박면접을 하는 그 당사자(오너가 아닌) 사람들이 실제로 후보자의 인성을 보기 위해 그런 압박면접을 한다기보다는, 자신도 모르게 그 자리에서 '갑'의 위치에서 그 순간의 '권력'을 즐기고 있는 경우가 더 많기 때문이라고 생각합니다. 가끔은 비록 고객사라고 할지라도 위에 설명 드린 방법으로 '약간의 협박(?)'을 주는 방법도 생각해 볼 필요가 있다고 봅니다.

단, 오너가 나서서 압박면접을 하겠다고 할 경우에는 방법이 없습니다. 그저 후보자에게 당신이 그 회사에 취업하고 싶으면 아무리 힘들어도 오너의 압박면접을 통과하는 방법밖에 없다고 설명할 뿐입니다.

압박면접. 과연 후보자를 제대로 판단하기 위한 면접의 한 방식 중의 하나인지, 아니면 면접관이 면접장에 허락된 '갑질'을 즐기는 잘못된 관행의 하나인지 한번 생각해 볼 문제가 아닌가 합니다.

6-5.
나하고 상관없는 헤드헌터 성공 사례

　글 제목을 이렇게 정할 수밖에 없는 이유는 기존에 나와 있는 헤드헌터 관련 서적이나 온라인에서 접하는 헤드헌터의 성공담 등을 읽어 보면 실제로 전체 헤드헌터 시장에서 극히 일부분의 이야기를 마치 일반적인 상황인 것처럼 묘사하고 있는 글들을 많이 보기 때문입니다. 아래 글에 좀 특별한 영역에서 특별한 방법으로 고액 매출을 올리는 헤드헌터 분들의 이야기를 소개할 예정입니다만, 그 이유는 이런 방법으로도 자기만의 전문영역을 가지고 한 분야에 집중하면서 헤드헌터로서 또 다른 방식으로 살아남은 분들의 이야기를 통해 '여러분이 각자 본인에게 맞는 각자의 헤드헌터 업무방식'을 만들어 가라는 의미로 소개를 드리는 것입니다. 이 책에서 이야기하는 모든 내용들 또한 잘하는 남의 것을 단순히 모방하지 말고, 자기에게 맞는 최선의 방식을 찾아서 내 것으로 만들어 가시기를 바란다는 의미이기도 합니다.

분명하게 말씀 드릴 수 있는 사실은, 제법 규모가 큰 서치펌의 대표로서 제가 매년 발행하는 수백 명의 경력직 후보자의 합격에 대한 헤드헌팅 수수료 세금계산서는 아직도 평균 800만 원이고 그 후보자들의 80% 이상은 아직도 국내 4대 portal site에서 찾은 후보자들입니다.

일 년에 CEO급 두세 명만 합격시키고 수억 원 벌어 가는 헤드헌터

경력 30년, 30년 전 헤드헌터 입문 시절에 입사시킨 당시 과장이 지금 그 투자 회사 CEO가 된 경우. 또는 매주 업계 임원진분들과 골프 치면서 인맥 관리하시는 헤드헌터로서 평균 연봉 5억 이상의 CEO급 후보자만 취급하시는 분.

독일 회사의 일본 지사에 벨기에인 후보자를 입사시키는 헤드헌터/국내 대학에 일본에서 근무중인 프랑스 국적의 요리사를 취업시키는 헤드헌터

저조차도 도대체 이런 오더는 어떻게 받아 오는지, 그리고 일본에서 근무중인 프랑스 요리사는 어떻게 찾아내는지 궁금합니다. 그런데 이런 방식으로 매년 1억 수입을 가져갑니다.

미국 major IT회사에 근무하는 한국인 명단으로 매년 수억을 버는 헤드헌터

어떻게 명단을 구했는지 모르나, 매년 카드 보내고 메일로 안부 주고받으면서 인맥 관리하다가 그중에 한국으로 귀국 희망하는 후보자 나오면 바로 국내 대기업에 알선하고 억대 수수료 벌어 가는 헤드헌터도 계십니다.

중국집 주방장 200명 명단만 가지고 매년 1억 버는 헤드헌터

중국집 주방장 평균 근속 기간이 2년이라는 사실을 처음 알았습니다. 서울, 경기 중국집 사장님 명함만 700장 가지고 있는 헤드헌터도 계십니다.

주당 70시간 일하면서 일 년에 두 번 해외여행 다니면서 매년 2억 5천 벌어 가는 헤드헌터

저도 주당 70시간까지 일해 본 적은 없지만, 그래도 이 중에서 유일하게 방법도 알고 이해도 되는 헤드헌터 유형입니다.

위에 설명 드린 내용은 100% 사실이고 제가 직접 경험하고 본 헤드헌터들의 유형입니다.

그러나 누구나 다 할 수 있는 방법은 절대로 아닙니다.

제목 그대로 나하고 상관없는 헤드헌터 이야기입니다. 제발 이런 이야기에 현혹되어서 엉뚱한 편법이나 요령을 찾는 헤드헌터가 되면 결국에 몇 년 못 가서 이 업계를 떠날 수밖에 없는 처지가 됩니다.

저런 이야기는 상위 1%의 이야기가 아니라, 별난 1%의 이야기일 뿐입니다.

그럼에도 이런 이야기를 드리는 이유는, <u>분명히 저런 방식들처럼 어딘가에 또 열심히 찾으면 새로운 헤드헌터 틈새 시장이 존재한다는 점입니다. 나에게 맞는 헤드헌터 방법을 찾고 그 분야의 전문가가 되려는 노력을 하기 바랍니다.</u>

6-6.
평판조회(Reference Check)에
관한 오해와 진실

헤드헌터 업무를 하다 보면 고객사로부터 후보자에 대한 평판조회 (reference check)에 대한 의뢰를 받게 됩니다.

원론적으로 이야기한다면 평판조회(reference check)는 후보자를 추천한 헤드헌터가 아닌, 제3의 기관이나 사람에 의해서 후보자 모르게 진행되는 것이 원칙일 수 있습니다만 현실적으로는 그렇게까지 평판조회 (reference check)를 진행하는 것이 쉽지는 않습니다.

후보자 모르게 제3의 기관이나 사람에 의해 후보자의 평판조회 (reference check)가 이루어지는 형태를 소위 블라인드(Blind Check)라고 부르고 후보자를 통해서 평판조회(reference check)를 할 대상자를 소개받아 진행하는 것을 open check이라고 업계에서 일반적으로 구별

**연봉 1억 헤드헌터
그들은 어떻게 일하는가?**

하여 부르고 있습니다.

그러나 blind check의 경우는 자칫 후보자에 대한 '개인정보 보호법'의 위반 소지도 있고 또한 후보자 모르게 알게 된 평판조회(reference check)의 referee가 실제로 그 후보자에 대해서 얼마나 정확한 판단을 할 만한 위치나 경험을 가지고 있는지, 또는 개인적인 감정이나 편견 없이 객관적인 평가를 해 줄 수 있는지 여부에 대한 '검증' 또한 확실하지 않기 때문에 실제로 현장에서는 잘 사용하지 않는 방법입니다. 또한 이를 객관적으로 진행하려면 헤드헌터 수수료 이상의 비용이 발생하는 점 때문에 대부분의 구인 회사에서는 헤드헌터에게 의뢰하여 낮은 비용으로(종종 추가비용 없이 요구하는 구인 회사도 있습니다만 대부분의 경우는 소정의 비용을 지불합니다) 후보자에게 지인을 추천 받아 진행하는 open check 방식을 선택하는 것이 대부분입니다.

그런데, 여기서 아주 흥미로운 사실이 발생합니다. 예를 들어 후보자가 두세 명의 referee를 헤드헌터 또는 구인 회사에 제공하고, 이분들이 나와 함께 이전 직장에서 근무했던 사람들이므로 나에 대한 평판조회를 물어보라고 지정해 준 사람들임에도 실제로 받은 연락처로 연락을 해 보면, 의외로 '생각보다 많은 사람들이' 자신을 지목해 준 그 후보자에 대해서 좋지 않은 이야기를 합니다. 실제로 경험해 보지 못한 분들의 경우는 상당히 의아하게 생각하실 수 있는 사실입니다만, 왜 이런 결과가 나오는지 설명 드리겠습니다.

첫 번째는 후보자가 생각하는 자신이 연락처를 제공해 준 이전 직장의 동료나 상사에 대해서 후보자 본인은 '좋은 감정'을 기억하고 있을지 몰라도 내 생각과 상대방의 생각이 항상 일치하지 않는다는 점이 문제입니다. 나는 A라는 동료나 B라는 상사에 대해서 이전 직장에서 아주 좋은 감정을 가지고 좋은 관계를 유지하면서 생활하였다고 믿고 있지만, 상대방은 나와 '다른 속마음으로 생활'하였을 가능성이 높다는 점입니다. 겉으로는 친한 척 지내 왔지만 그 사람의 속마음은 회사 내에서 보여지는 것과는 다를 수 있었다는 점을 잊지 말아야 합니다.

두 번째는 사람은 누구나 자신이 어떤 권력을 가졌다고 생각하는(느끼는) 순간 그 권력을 누리고 싶어하는 속성이 있습니다. 제가 이 글 5-10장에서 잠시 이야기했던 것처럼 후보자에게 3개의 면접 일자나 시간을 주고 선택하라고 하면 대부분의 후보자는 또 다른 4번째 일자를 요청하는 경우가 발생하는 반면에 단 하루, 하나의 시간만 면접 가능 시간으로 제시하면 대부분의 후보자들이 그 시간을 맞추는 것과 같은 이유입니다.

평소에는 그 후보자에 대해서 별다른 감정을 가지고 있지 않았던 사람도 갑자기 누군가 헤드헌터라고 하면서 얼마 전에 퇴사한 또는 몇 년 전에 함께 일했던 후보자의 이름을 대면서 '그 사람에 대한 평판조회를 할 것이니, 대답을 해 달라'라는 요청을 받으면, 그 요청을 받는 순간부터 동료였던 A와 직장상사였던 B는 그 후보자에 대해 '순간적으로 어떤 권력을 가진 입장'이 됩니다. 그리고 동시에 그 권력을 누리고자 하는 본능(?)이 발동합니다.

이런 현상은 아주 흥미로운 결과를 가져옵니다. 대부분의 평판조회 (reference check) 항목에 대해서는 좋은 답변이 나옵니다. 특히 초반에는 대부분 긍정적인 답변들이 잘 나옵니다. 근태, 업무능력, 추진력 등 등, 그러다 질문의 말미에 가게 되면 특히 인간관계나 동료와의 화합 등 앞에 정량적(定量的)인 질문보다 보다 정성적(定性的)인 성격의 질문이 나오기 시작하면 그 referee는 답변이 하나둘씩 바뀌어 갑니다.

그 후보자는 다 좋은데 인간관계가.
그 친구는 다 좋은데 협동심이.
김 대리는 다 좋은데 성격이 좀.

좋은 방향으로 이해하는 쪽으로 생각한다면 후보자에 대해서 너무 좋은 이야기만 하면 객관성이 떨어질 것을 염려하여 약간의 부정적인 평가도 포함하여 본인의 답변에 대한 객관성을 높이려는 의도로, 마지막의 일부 답변에 대해서 부정적으로 답변한 것이라고 이해할 수도 있을 것입니다. 그러나 중요한 사실은, 대부분의 경우는 이미 떠난 예전 직장 동료에 대해서 무조건 좋은 말만 해 주는 예전 동료나 예전 상사는 실제로는 거의 없다는 점입니다. 더욱이 자기가 순간적으로 한 사람의 평가를 하는 '권력'을 가지고 있다는 느낌을 가지는 순간에는 어떤 식으로든 그 권력을 행사하고 싶어 하는 인간의 본성이 드러나게 되기 때문입니다. 그 권력의 행사라는 의미는 결국 후보자에 대해서 어떤 식으로든 어떤 표현으로든 좋지 않은 평가를 하는 결과로 나타나게 되기 때문입니다.

만약 이런 상황이 올 경우 구인 회사가 직접 평판조회(reference check)를 한 경우라면 아주 위험한 상황이 발생합니다. 또한 헤드헌터가 의뢰를 받아 평판조회(reference check)를 한 경우도 담당 헤드헌터는 아주 곤혹스러운 상황에 처하게 됩니다. 거짓말을 할 것인가? 사실대로 보고할 것인가? 그래서 저는 평판조회(reference check)에 대한 의뢰를 받으면 후보자에게 반드시 이렇게 설명을 해 줍니다.

"당신이 줄 연락처 2명, 3명에 대해서 한번 더 깊이 생각해 보고 referee를 결정하세요." 비록 당신은 그 사람에 대해 좋은 감정을 가지고 있다고 할지라도 그 사람도 항상 당신에 대해서 무조건 좋은 감정을 가지고 있지 않을 가능성이 있습니다. 너무 친했던 사람보다는 오히려 약간 객관적인 입장에 있던 옆 부서 동료나, 옆 부서 상사가 더 객관적인 답변을 줄 수도 있습니다.

그리고 가장 중요한 점은 '구인 회사나 헤드헌터에게 알려 준 그 referee들에게 미리 사전에 반드시 '당신이 직접' 통화하세요. 표면적인 이유는 '당신이 지정한 그 사람에게' 모르는 번호로부터 나에 대한 평판조회 전화가 갈 것이라는 점을 사전에 알려 주는 의미이고 진짜 이유는 그런 평판조회 전화가 오면 '혹시라도 나에 대해 나쁜 감정이나 서운한 마음이 남아 있다고 할지라도' 내가 취업을 하는 데에 아주 중요한 과정이므로 '반드시 무조건 좋은 이야기만 대답해 달라고 꼭 부탁'하세요.

사람은 이런 부탁을 받고 나면, 그 평판조회 의뢰가 후보자가 자신을 지정해서 연락이 온 것이고 동시에 자신이 답변한 결과를 그 후보자가 다시 알게 된다는 사실을 인지하고 나면, 대부분의 사람들은 절대로 그 후보자에 대해서 나쁘게 답변하기 어렵습니다.

짜고 치는 고스톱이라고 말씀하시는 분도 있을 수 있습니다.
맞습니다. 짜고 치는 고스톱입니다. 그런데 그렇게 짜고 치는데도 돈 잃는 사람은 분명히 나옵니다.

자기가 지정한 사람인데도 나쁜 답변이 나온다면 구인 회사는 그 후보자에 대해서 '정말로 인성에 대해서 문제가 있는 사람'이라고 판단할 수밖에 없습니다. 자기가 불러 준 지인이 자신에 대해 나쁘게 이야기한다면 그 결과를 신뢰하지 않을 이유가 없기 때문입니다. 그런데 후보자는 아무 생각 없이 referee의 연락처만 던져 주고는 알아서 그 사람이 자신에 대해 무조건 좋게 말해 줄 것이라는 근거 없는 확신을 가지고 있는 경우가 너무 많습니다.

오히려 더 정확한 평판을 위해서라도 후보자에게 꼭 알려 주시기 바랍니다. 당신이 내게 또는 구인 회사에 넘겨주는 평판조회 대상자의 전화번호는 반드시 그 전에 한번 더 생각해 보고, 그리고 꼭 그 사람에게 사전에 통화해서 당신에 대한 평판을 무조건 100% 좋게 말해 달라는 부탁을 한 다음에 넘겨 주라고.

평판조회. 생각보다 이 단계에서 탈락하는 후보자 많습니다. 그런데 그 이유가 그 후보자가 정말로 인성이 나빠서인 경우보다, 게을러서 또는 착각해서 떨어지는 경우가 더 많습니다.

6-7.
동종업계전직금지 조항에
대처하는 방법

간단히, 후보자 A가 현재 재직중인 회사 B에서 회사 C로 이직을 하려는 경우를 예를 들어 설명 드리겠습니다.

첫 번째, 여기서 제일 먼저 고려하고 생각해 보아야 하는 내용이 이 문제는 철저하게 개인 A와 회사 B의 문제로 끌고 가야만 한다는 점입니다

많은 사람들이 이런 문제가 발생하면 본인 개인이 스스로 해결하려 하는 것보다 회사가 해결해 주기는 바라는 이상한 습관(비겁함, 의타적인 면)이 있습니다. 마치 자기를 뽑으려면 회사 C에서 현 직장인 B와 대신 싸워 주기를 바라는 경향이 종종 발생하는데, 이는 아주 잘못된 판단이고 본인이 잘못한 일을 남에게 떠넘기려는 행동이기도 할뿐더러 어떤 회사도 개인 A를 위해서 B라는 회사와 대신 싸워 주지 않습니다. 또한 이런 논쟁구도는 자칫 회사 B의 개인 A에 대한 부당한 갑질이 아니라, 회사 B와 회사 C가 – 실제 존재하지도 않는 영업비밀이라도 있는 것처럼 보이게 만들면서 – 마치 A를 통해 남의 기업비밀이라도 빼내려는 것처럼 비춰지게 만들 수 있기 때문입니다.

여기서 잠깐. 드라마나 영화에서 보면 마치 대한민국의 판검사나 법률이 마치 무조건 가진 자나 힘 센 자의 편에 서 있는 것처럼 보이거나, 법으로 가면 언제나 나는 억울한 피해자가 될 것처럼 보여지고, 또 일부에서는 어느 정도는 사실이라고 할지라도, 실제로 대부분의 대한민국의 법이나 판검사는 '정의'롭습니다. 내가 싸우는 상대방이 무슨 대기업 재벌 2세나 3세가 아니라면 그냥 보통 회사들 사이에 월급쟁이 한 인간이 억울함을 당하는 경우라면 대부분 억울한 개인의 편을 들어줍니다. 그런데 정작 문제는 판검사들은 영업비밀이나 기업비밀 이런 문제에 대해 잘 모릅니다. 따라서 판결을 할 때 그 구체적인 내용의 진위를 따지는 것보다는 개인의 이익을 과도하게 침해하는지 여부를 '정황적으로 보고 판단'하는 경우가 많습니다. 그래서 이런 싸움은 철저하게 회사 대 개인의 싸움으로 몰아가야만 승산이 있습니다. 내가 아무리 억울해도 내가 아무리 유능해도 이런 싸움을 회사 대 회사의 싸움 구도로 몰아가면 내 개인의 억울함을 따지는 것이 아니라, 회사 대 회사의 관계에서 누가 더 이익을 보는가의 판단 기준으로 결론이 나기 때문에 반드시 이런 경우는 내가 이직하려는 회사 C는 이 싸움에 관여하지 않도록 하는 것이 가장 중요한 것입니다.

두 번째, 실질적인 대응 방안에 대해 설명 드리겠습니다

먼저 법률적인 측면에서 살펴본다면, '전직금지약정'이라는 것은 사용자와 근로자가 사용자의 경쟁관계에 있는 업체에 취업하거나 스스로 경쟁업체를 설립 운영하는 등의 경쟁행위를 하지 아니할 것을 내용으로 하는 약정을 의미하며 보통 취업과 동시에 입사직후 근로계약서를 서명할 때에 함께 서명하도록 강요받습니다.

판례에 따르면 원칙적으로는 이 동종업계취업금지약정은 유효하다는 것이 법원의 판단입니다. 그러나, 그 약정이 근로자의 직업선택의 자유를 과도하게 제한할 경우에는 무효로 보고 있기도 합니다.

대법원 판례에 따르면(대법원 2010. 3. 11. 선고 2009다82244 판결 등 참조) "사용자와 근로자 사이에 체결된 전직금지약정이 헌법상 보장된 근로자의 직업선택의 자유와 근로권 등을 과도하게 제한하거나 자유로운 경쟁을 지나치게 제한하는 경우에는 민법 제109조에 정한 선량한 풍속 및 기타 사회질서에 반하는 법률행위로서 무효라고 보아야 하고 이와 같은 전직금지약정의 유효성에 대한 판단을 보호할 가치 있는 사용자의 이익, 근로자의 퇴직 전 지위, 전직제한의 기간, 지역 및 대상직종, 근로자에 대한 대가의 제공유무, 근로자의 퇴직경우, 공공의 이익 및 기타 사정 등을 종합적으로 고려하여야 한다."라고 되어 있습니다.

그리고 직업 선택의 자유를 과도하게 제한하는 경우라 판단하는 구체

적인 판단 기준은

첫째, 보호할 가치가 있는 영업상의 비밀 유무,

둘째, 근로자의 퇴직 전 지위,

셋째, 동종업 제한의 기간과 지역,

넷째, 대가의 제공 여부,

다섯째, 퇴직하게 된 경위 등입니다.

이상의 법률적인 근거를 가지고 실제 사례를 한 번 살펴본다면 B 회사에서 A에 대하여 A가 서명한 '동종업계취업금지 각서'를 근거로 C라는 다른 회사로 이직하지 못하게 하려면 위 조건을 다 맞춰야 하고 증명하여야 하기 때문에 실제로 그런 경우는 거의 없다고 보아야 할 것이고 실제로 대부분의 경우 '동종업계취업금지 각서'가 효력을 발휘하지 못하는 경우를 보면(개인 A의 직업선택의 자유를 침해하는 것으로 볼 수 있는 근거들을 보면),

첫째, 이러한 각서는 99% 이상 취업이 된 다음에 서명을 합니다. 그리고 취업 이전에 이런 각서조항을 설명하는 회사는 거의 없습니다. 즉, 이 의미는 개인 A가 이미 그 이전 회사를 퇴사하고 B라는 회사에 취업하지 않고서는 다른 선택의 여지가 없는 상황(회사 B가 절대적으로 권력을 가진 상황)에서 개인 A에게 개인의 직업 선택의 자유를 침해하는 조건의 불평등 조항을 '강요'한 것입니다. 따라서 이런 불평등한 조건 아래에서 강요된 각서는 그 효력이 없습니다.

법원에 소명할 때에 취업 일자와 각서를 서명한 날짜(취업 이후라는 사실) 그리고 취업 이전에 이런 조건에 대한 사전 설명이나 고지가 없었다는 점을 설명하여 각서 자체가 불평등 조건이라는 점을 밝히면 됩니다.

둘째, 이런 각서를 유효하게 하려면 회사 B에서 직원 A에게 퇴사 후 일정기간 동안 취업 선택을 제한하는 것에 대한 보상을 해 주어야 합니다. 이 또한 실제로 보상을 하는 회사는 거의 없습니다. 따라서 A는 회사 B로부터 재직 기간 중에 어떤 영업비밀을 취급하는 것에 대한 그리고 일정 기간 동종업계취업금지 조건을 준수하기 위한 금전적 보상을 받은 적이 없다는 점을 설명하면 됩니다.

셋째, 영업상의 비밀이라는 내용을 B가 구체적으로 명시하여야 합니다. 즉, B라는 회사만이 가지고 있는 동종업계 경쟁사들은 도저히 알 수 없는(A를 통하지 않고서는 취득할 수 없는) 정보나 비밀이 구체적으로 설명되어야 하는데, 실제로 그런 정보나 비밀은 거의 없습니다. 또한 B사가 C사보다 더 큰 기업이거나 B회사가 C사와 첨예한 경쟁관계에 있는 상황이 아니라면, 즉 C회사가 B사보다 훨씬 더 큰 기업인 경우 등이라면 B사의 영업비밀 주장은 그 설득력을 갖기 어렵습니다. 따라서 개인 A는 법원에 B회사에서 주장하는 영업비밀이라는 것들이 일반적으로 업계에 종사하는 사람들 또는 경쟁사에서 다른 경로를 통해서 쉽게 얻을 수 있는 정보라는 것을 증명하면 그 각서의 효력은 사라집니다.

넷째, 지위, 금지 기간, 지역, 퇴직사유에 해당하는 내용으로, 직원A가 B사의 영업비밀이라는 것을 취급할 만한 직위에 있었는지 여부, 즉 최소한 팀장, 임원급인 경우는 어느 정도 이에 해당한다고 말할 수 있겠지만, 사원 대리 급의 경우는 거의 인정되지 않습니다. 또한 실제 판례로도 이직금지기간이 2년을 넘기면 무효라고 보고 있으며 지역 또한 경쟁관계가 증명될 수 있는 지역에 국한하지 않는 경우는 불법으로 또는 과도한 개인의 직업선택의 자유를 침해한 것으로 판단합니다. 그리고 만약 회사에서 직원을 권고 사직한 경우라면 당연히 이 조항은 무효가 됩니다. 회사에서 나가라고 하면서 동종업계 취업을 금지한다면 당연히 말이 안 되는 이야기가 됩니다.

따라서, 후보자 A가 B사에 서명한 동종업계취업금지 각서의 효력은 A가 B사에 취업하기 이전에 이런 내용을 인지하고 서명한 경우로써 A가 팀장급, 임원급 이상의 고위직으로서 B사에서 다른 경쟁사 또는 동종업계에서 일반적으로 취득할 수 없는 B사만의 가치 있는 영업비밀로 규정될 수 있는 정보를 취득하였고 A가 B사에 근무하는 동안에 그 대가로 금전적인 보상을 받았고 A가 자발적으로 퇴사하는 경우에만 그 효력이 인정되는 것입니다.

만약 B사에서 C사로 먼저 법적인 문제를 거론한 경우라면(예를 들어 소송을 제기한다거나 내용증명을 보내서 A의 취업을 방해한 행위) 이는 B사에서 A의 취업을 방해하는 직접적인 행동을 취한 것이므로 더 쉽게 '동종업계취업금지 각서 무효소송'을 제기하면 됩니다.

아울러 서울지방노동청에 신고 및 언론사에 기업의 갑질 사례로 '보도자료'를 작성하여 보내는 것도 부가적으로 대단히 효과적인 방법입니다.

B사를 상대로 큰 싸움이나, 이익을 볼 목적이 아니라 B사가 A가 쓴 각서를 근거로 A의 취업을 방해하지 못하도록 하는 것이 목적이기 때문에 B사의 입장에서도 이 정도로 사태가 확대되면 실제로 소송에서 이길 가능성도 별로 없는 안건을 가지고 끝까지 가는 것보다는 물러서는 것이 현실입니다.

얼마 전에 제 블로그에 다음과 같은 질문이 하나 올라온 적이 있습니다. 20대 사회초년생인데, 스타트업 회사에서 일 년 반 정도 소위 '열정페이'로 근무하다가 유사 업종의 중견회사로 인턴으로 입사하였는데, 처음 다녔던 스타트업 회사에서 이 청년에게 '동종업체이직금지' 조항을 들먹이면서 내용증명을 보내서 협박(?)을 하고 있다는 내용이었습니다. 그 청년은 절박함에 제게 문의를 해 왔습니다만, 저는 그 업종도 모르고 정확한 내용도 알지 못하는 상황이었음에도 개략적인 단계별 대응방법과 더불어 결론은 간단히 "전혀 문제될 것이 없다."라는 답변을 주었습니다.

이유는 간단합니다. 20대 사회초년생이 열정페이를 받고 일 년 반 정도 근무한 회사에서 도대체 무슨 회사의 대단한 비밀을 취득할 수 있었겠습니까? 외국에서 박사학위라도 받은 신입사원이 스톡옵션이라도 받고서 근무한 것이 아니라면 스타트업 회사에 근무하다 대기업도 아닌 중견회사에 인턴으로 입사한 20대 사회초년생이 도대체 무슨 스타트업 회사의 영업비밀을 취득할 수 있었다는 주장일까요? 이처럼 일부 몰지각한 대표들이 이런 '동종업계이직금지조항'이라는 것을 마치 '전가의 보도 (傳家의 寶刀)'인 양 남발하는 경우도 자주 발생합니다. 삼성전자 반도체 신기술을 중국으로 빼돌리는 일은 나쁜 일입니다. 그러나 20대 신입사원이 열정페이로 근무하다가 그보다 조금 더 큰 기업으로 이직하는 것을 막는 도구는 아닙니다.

동종업계이직금지 조항.

실제로 취업 현장에서 법적으로 적용되는 경우는 거의 없습니다. 너무 겁먹을 것 없습니다.

**연봉 1억 헤드헌터
그들은 어떻게 일하는가?**

6-8.
창업 그리고 아름다운 이별

창업의 이유

제가 서치펌 대표를 하면서 과연 이런 내용의 글을 쓰는 것이 맞는 일인지 고민을 많이 하였습니다. 자칫 다른 서치펌 대표분들께 피해가 갈 수도 있는 내용일지도 모르는 것이기에 이런 이야기까지 하는 것이 헤드헌터 업계 전체에 도움이 되는 일인지 고민도 많이 하였습니다. 그러나 일부 잘못 판단하고 창업하시는 분들 그리고 처음 이 헤드헌터 업계에 입문하면서 이런 잘못된 시작을 하는 신설 서치펌에서 보고 배운 일들이 마치 전체 헤드헌터 업계의 일반적인 현상으로 오해를 하실 수도 있기에 다소 민감한 부분이지만 일단 일반적인 상황에 대한 이야기는 드리고자 합니다.

제가 앞의 글에서도 언급한 것처럼 한 명의 헤드헌터 신입이 이 업계에 들어서서 20, 30%의 어려운 확률을 뚫고 살아남고 그 이후에 또 30% 이내의 확률로 생존하여 연 매출 5,000만 원 이상, 대부분의 경우 7,000만 원 정도를 달성하는 시기가 되면 그 시점부터는 서치펌에서 떼어 가는 수수료율-보통은 30% 일부 서치펌의 경우는 40%-에 대해서 불만이 생겨나는 시기가 됩니다. 그리고 이 시기가 되면 서치펌 대표는 매출이 높은 헤드헌터에 대해서 수수료 조정이 시작되는 시기이기도 합니다. 서치펌마다 다르기는 하겠지만 보통의 경우는 2 대 8 또는 일정 금액까지는 3 대 7 그 이후는 2 대 8 또는 1 대 9 등등 여러 가지 방식으로 새로운 수수료율 조정을 하게 됩니다. 그런데 많은 헤드헌터들이 이러한 수수료율 조정을 하게 된다고 하더라도 매출 7,000만 원 이상이 몇 년 계속되면 창업을 고민하기 시작하기도 합니다.

여기서 제가 가장 궁금하게 생각하는 두 가지 사실이 있습니다. 창업의 이유는 본인이 서치펌에 떼어 주는 수수료 금액이 너무 많다고 느껴서 창업을 하는 것일 텐데,

첫째, 본인보다 더 매출이 높은 헤드헌터들이 많이 있는데 왜 1등이 아닌 헤드헌터가 독립을 하려는 것인지?

둘째, 내가 손해를 본다고 생각해서 창업한다고 하는데 왜 자기가 속했던 그 나쁜 조건의 서치펌과 같은 조건으로 서치펌을 시작하는 것인지?

보충 설명을 드리자면, 창업하시는 분들의 경우 대부분 억대 매출 이상인 분들은 별로 없습니다. 물론 가끔 억대 매출 이상인 분도 계십니다

만 실제로 창업하시는 대부분의 헤드헌터분들은 억대 매출 수준까지는 달성하지 못하시는 분들이 창업을 하는 경우가 더 많이 있습니다. 이전에 근무하던 서치펌에서 1등 또는 억대 매출의 헤드헌터분들은 실제로 조건이 더 좋은 서치펌으로 옮기는 경우는 있어도, 직접 독립이나 창업을 하는 경우는 많지 않습니다. 일반적으로는 중상위권 헤드헌터분들이 창업을 더 많이 합니다. 그리고 창업할 때 수수료율 조건은 본인이 속했던 서치펌보다 특별하게 헤드헌터에게 더 유리한 조건으로 바꿔서 시작하는 경우도 별로 보지 못합니다. 오히려 헤드헌터 입장에서는 더 나쁜 조건으로 본인이 대표를 하는 서치펌을 창업해서 신입 헤드헌터를 모집하는 경우도 많이 있습니다.

잘하는 헤드헌터와 잘하는 서치펌 대표는 분명히 다릅니다. 스타 선수 출신이 반드시 훌륭한 감독이 되는 것은 아닙니다. 물론 헤드헌터 업무를 전혀 모르면서도 서치펌을 십수 년째 잘 운영해 오고 계신 대표도 분명히 계십니다. 서치펌을 창업하는 것은 누구나 할 수 있는 일입니다. 그리고 내가 1등이 아니었다고 좋은 서치펌 대표가 못 되라는 법도 없습니다.

그러나 그런 환경의 서치펌에 입사한 신입 헤드헌터의 입장에서 볼 때는 일 년, 이 년이 지나도 매번 같은 수준의 오더만 구경하다가 더 넓은 오더의 종류도 보지 못한 채 사라지는 70%에 속하게 된다면 혹은 헤드헌터 업계 상위 3%, 5%의 헤드헌터들이 어떻게 일하는지 배울 수 있는 기회도 못 가진다면 또는 연 매출 7,000~8,000만 원 수준의 대표가 업계에서 잘 하는 사람인 줄로만 알고 스스로 더 이상의 스승을 만날 기회도 놓친다면, 그런 신입 헤드헌터분들의 입장에서는 조금 억울하지 않을까 생각이 듭니다.

서치펌을 선택할 때 만약 그 회사가 신설 서치펌이라면 그 대표가 헤드헌터 업계 전체에서 어느 정도 수준의 헤드헌터인지 생각해 보시는 것도 필요한 조건 중의 하나입니다.

아름다운 이별

제가 이 책에서 지속적으로 말씀 드리는 내용은, 헤드헌터는 프리랜서이고 서치펌의 이동은 당연하고 자연스러운 것이라는 점입니다. 그리고 바로 위에는 서치펌의 창업에 대한 말씀도 드렸습니다. 그런데 안타깝게도 많은 헤드헌터분들이 서치펌을 옮기는 과정에서 이전 서치펌과의 관계가 나빠지고 헤어지는 경우를 많이 보게 됩니다.

일반적으로 헤드헌터가 서치펌을 옮기는 과정에서 발생하는 두 가지 큰 문제점은, 기존의 서치펌 대표가 떠나는 헤드헌터가 합격시킨 후보자의 수수료를 늦게 주거나 잘 안 주려는 현상, 그리고 떠나는 헤드헌터가 이전 서치펌에서 합격된 후보자의 세금계산서를 옮긴 회사에 가서 발행하는 현상입니다.

두 경우 모두 결국은 사람의 욕심 때문에 생기는 것입니다. 물론, 퇴사하는 헤드헌터의 수수료를 지불하는 경우에는 수수료를 받은 후보자가 보증기간 내에 퇴사하는 경우가 발생할 때 문제의 소지가 있습니다. 그런 이유 때문에 나름 합리적인 방법은 퇴사하는 헤드헌터가 PM인 경우라면 결국 그 고객사는 퇴사하는 PM 헤드헌터가 계속 거래를 하고자 할 것이기 때문에 "만약 보증기간 내에 후보자가 퇴사할 경우, replacement나 환불이 발생하면 퇴사한 헤드헌터가 끝까지 책임진다." 라는 내용의 간단한 각서 한 장 정도는 쓰고 정리하는 것이 가장 합리적인 방법이라 생각합니다. 그런데 만약 퇴사하는 헤드헌터가 co-worker인 경우는 문제가 좀 복잡합니다. 결국 이런 경우는 남아 있는 담당 PM 헤드헌터가 replacement나 환불이 발생하면 PM헤드헌터가 책임을 지겠다는 확인을 받고 수수료를 보증기간 이전이라도 선지불하거나, 아닌 경우라면 부득이 보증기간을 채운 다음에 지불할 수밖에 없습니다.

반대로 퇴사하는 헤드헌터가 이전 서치펌에서 진행하던 오더에 대해서 퇴사 이후에 합격이 되는 경우가 있습니다. 원칙적으로는 이런 경우 해당 합격자의 수수료는 이전 서치펌에서 발행하는 것이 원칙이기는 합니다. 그러나 많은 헤드헌터분들이 그리고 새로 입사하는 서치펌의 대표 분들은 옮겨온 서치펌에서 계산서를 발행하기를 원하는 경우가 종종 발생합니다만, 깊게 따져본다면 법적인 문제도 생길 수 있는 사안이기도 합니다.

더 안타까운 상황은 퇴사하고 나면 이전 서치펌에서 합격자 수수료를 안 주거나 늦게 줄 것이 염려되어 이미 다른 서치펌으로 옮기기로 결정을 한 다음에 그 수수료를 받을 때까지 이 사실을 숨기면서 이전 서치펌에 계속 출근하는 경우입니다. 이런 경우 떠나려는 본인은 그 기간 동안 업무를 하지 못합니다. 떠날 서치펌에서 새로 옮길 서치펌의 오더를 찾는 것도 원칙적으로 불법이고, 실제로도 눈치가 보여서 쉽지 않습니다. 그래서 그 기간 동안 '개점휴업' 상황이 됩니다. 그리고 서치펌 대표의 입장에서는 이미 마음 떠난 헤드헌터가 수수료를 줄 때까지 그냥 자리만 차지하고 있는 결과가 됩니다. 수수료 늦게 주는 동안에, 둘 다 손해를 보고 있는 것입니다.

결국은 떠나는 사람의 양심에 맡길 수밖에 없는 일입니다만, 제가 드리고 싶은 말씀은 장기적으로 헤드헌터를 직업으로 삼아 일하시려는 마음가짐을 가진 분들이라면 당장 눈앞에 보이는 몇 푼이 언젠가는 더 큰 손해로 본인에게 돌아올 수 있다는 점을 생각해 보기를 말씀 드립니다.

떠날 사람은 아무리 붙잡아도 떠나게 되어 있습니다. 내가 대표라면 더 좋은 조건으로 잘 하는 헤드헌터들이 떠나지 않게 경영방침을 바꾸고 개선하는 것이 더 중요한 것이고 떠나겠다는 사람은 붙잡을 필요 없이 빨리 정산하고 보내주는 것이 서로에게 이익이라는 생각입니다.

이제는 우리도 아름다운 이별에 익숙해질 필요가 있다고 생각합니다.

6-9.
헤드헌터의 목표

앞에 글, 창업에 관한 이야기에 대한 보충 설명일 것 같습니다.

저 또한 헤드헌터로서 첫 서치펌이 소규모 서치펌이었습니다. 그리고 그 안에서 보고 배운 것이 대부분의 다른 헤드헌터들과 비슷한 환경과 조건에서 일하고 있는 것으로 착각하고 살았던 시절이 있었습니다. 소규모 서치펌이기 때문에 보다 많은 다양한 오더를 접할 기회가 부족했다거나 나름 열심히 일하고도 수입이 부족했다거나 하는 불평을 이야기하고자 하는 것은 아닙니다. 작은 규모의 서치펌에서 어렵고 나쁜 오더를 많이 서칭하면서 신입 시절에 훈련을 호되게 해 보았던 것이 제 헤드헌터 생활 전체로 보면 좋은 훈련 기간이었기도 합니다. 물론 그 기간 동안 제 노력에 비해 금전적으로 어느 정도는 손해를 본 부분이 있기는 하지만 동시에 그 덕분에 다른 서치펌으로 빨리 옮기려는 결심이 생긴 것도 사실입니다.

다만, 제가 헤드헌터 10여 명의 소규모 서치펌에서 헤드헌터 100여 명의 대형 서치펌으로 옮기고 나서 깨달았던 가장 큰 차이는 오더가 다양하고 많다는 것도, 고참 헤드헌터들이 온 동네 고객사 다 '찜'해 놓고 신입들은 영업하기 힘들게 만들어 놓은 업계의 비합리적인 관행도 아니었습니다.

소규모 펌에서 우물 안 개구리로 살다가 대형 펌으로 옮겨와서 제가 깨닫게 된 가장 큰 사실은 '세상은 넓고 일 잘하는 헤드헌터도 많고 제가 첫 번째 서치펌에서 그토록 존경스럽게 바라보았던 일 년에 매출 7,000만 원에 본인 수입 5,000만 원 정도를 벌어 가는 헤드헌터가 실제로는 그렇게 대단한 수준의 헤드헌터가 아니라는 사실'이었습니다.

얼마 전에 제 서치펌 소속의 헤드헌터 몇 명과 저녁 식사를 하는 자리에서 3년 차에 들어서는 한 헤드헌터가 저에게 말하기를 "내가 이 서치펌에 가장 감사하게 생각하는 것은 다른 서치펌에 비해서 수수료를 덜 떼어 가기 때문도, 다른 서치펌보다 좋은 오더가 많기 때문도, 아무리 어려운 오더에 대해서도 co-work을 잘 찾아 주기 때문도 아니라, 본인이 금년에 매출 1억 가까이 달성하였음에도 자신에게 아직도 올라가야 할 더 높은 목표가 남아 있다는 사실을 알게 해 준 것이다."라고 하더군요. 저 또한 이 부분이 서치펌을 운영하면서 가장 자랑스럽게 생각하는 부분이기도 합니다.

**연봉 1억 헤드헌터
그들은 어떻게 일하는가?**

제가 수년 동안 제 주변에서 창업을 하신 수많은 헤드헌터분들을 바라보면서 가장 이해하기 어려운 부분은 차라리 기존 서치펌에서 더 높은 매출 목표를 가지고 수입을 늘리는 방법 대신에 왜 더 복잡하고 힘든 창업의 길, 대표의 길을 가는가입니다.

그분들 중에 일부는 매출 7,000~8,000만 원 수준이면 헤드헌터로서는 어느 정도 경지에 다다른 것으로 생각하고 있는 것은 아닌지 의문이 들 때가 많습니다.

오래전에 제가 헤드헌터를 처음 시작하던 시기에, 그 당시 30대에 헤드헌터를 시작하여 이미 연 매출 7,000~8,000만 원을 하시던 분들이 10년 훨씬 넘게 헤드헌터를 해 오면서 지금까지도 그 당시의 매출 수준을 벗어나지 못하고 있다는 것을 볼 때면 더욱 안타까운 마음이 들기 때문입니다.

그리고 그분들의 특징은 예전이나 지금이나 본인들이 헤드헌터로서 상당히 높은 수준의 능력을 가지고 있다는 착각을 하고 있다는 점입니다. 물론 그분들은 직접 대표는 아니지만 비슷한 창업의 과정을 두어 번 거치거나 서치펌을 두세 곳 옮기신 다음에 아직도 그 정도 수준의 매출을 달성하면서 잘 살고 계십니다. 다만, 보다 높은 수준의 헤드헌터 세계를 보지 못하고 높은 목표를 가지고 더 노력할 수 있는 기회도 없이 은퇴를 할 것 같은 예상을 할 뿐입니다.

매출 1억, 수입 1억이 특별하다거나 대단한 가치를 갖는다는 의미는 아닙니다. 본인이 적당히 쉬어 가면서 일해서 5,000만 원만 벌어도 만족하는 삶이 있는 것이고, 밤새워 주당 70시간을 일하면서 2억을 벌어도 부족하다고 느끼는 삶도 존재하는 것이기에 단순히 매출이나 수입의 많고 적음을 가지고 옳고 그름을 이야기하려는 것은 아닙니다. 그러나 분명한 것은 수년 동안 꾸준히 1억, 2억을 벌어 가는 헤드헌터 분들이 십여 년 동안 한 번도 1억을 달성하지 못했던 평균 매출 7,000~8,000만 원 수준의 헤드헌터보다 '적어도 헤드헌터 업무적으로는 더 우월한 분'들인 것만은 부정할 수 없지 않을까 싶습니다. 적어도 연 매출 7,000~8,000만 원 하시는 분들이 단지 경력이 좀 더 오래되었다는 이유만으로 매출 1억, 2억을 매년 달성하는 헤드헌터에게 가르치려 든다거나, 불과 1, 2년 후에 자기보다 더 많은 매출을 올릴지도 모르는 신입 헤드헌터에게 지금 당장 본인이 조금 더 많이 아는 것을 마치 '절대적인 기준'인 것처럼 떠드는 모양새는 좀 아니지 않을까 생각이 드는 것입니다.

제가 실전편 제4장에서 처음에 이야기한 내용입니다. 연 매출이 일정 금액을 넘지 못하면서 점점 남의 co-work에 의존하다가 결국 매출이 줄어들면서 은퇴하는 헤드헌터의 유형, 그중에 특별한 차별성이나 개선된 조건도 없이 이전에 속했던 서치펌을 욕하던 그 똑같은 조건을 답습하면서까지 창업을 하는 헤드헌터분들을 보면서, 혹시라도 창업의 이유가 더 이상 서칭하기 힘들어서 내 오더 신입들에게 안겨 주고 좀 더 편하게 PM만 하면서 돈 벌고 싶은 마음이 더 크게 작용한 것은 아닐지? 내가 착취당했다고 느끼는 감정을 나보다 뒤에 시작하는 정보가 부족한 신입 헤드헌터에게 보상 받으려는 욕심 때문은 아닐지? 묻고 싶은 것입니다.

제가 연 매출을 1억 이상 하시는 분들과 그 수준을 달성하지 못한 채 창업하시는 분들을 여러 명 바라보면서 느낀 개인적인 판단일 수는 있겠지만 아직 몇 년 동안 꾸준히 억대 이상의 수입을 유지하시는 분들 중에는 굳이 피곤한 창업의 길을 가시는 분들을 거의 보지 못하였기에 조금은 민감할 수도 있는 주제를 이야기한 것인지 모르겠습니다.

제가 이 책을 통해서 말씀 드리고자 하는 내용은, 헤드헌터의 목표는 서치펌을 창업하거나 대표가 되는 것은 아니라고 생각합니다. 끝으로 한번 더 강조하게 됩니다만, 헤드헌터를 하는 것은 직업인으로서 돈을 벌기 위함입니다. 매출이 늘어나면 서치펌과 나누는 수수료는 무조건 조정이 됩니다. 설혹 일 년에 1,000~2,000만 원 더 부담하는 조건의 서치펌이 있다고 하더라도 그 서치펌에서 PM으로서의 입장이든, co-worker로서의 입장이든 본인 매출이 수천만 원 더 올릴 수 있는 환경이라면 서치펌을 옮기거나 창업을 해야 할 이유는 없습니다.

헤드헌터를 시작하시려는 분들 또는 지금 헤드헌터를 시작하신 지 몇 년 안되신 분들께 조언 드리고 싶은 것은 당장 눈앞에 1,000~2,000만 원의 수수료 차이나 오더 한두 개, 고객사 하나둘 때문에 서치펌을 옮기시거나 창업을 고민하시지는 말라는 말씀을 드립니다.

대한민국에 연봉 1억 헤드헌터 분들이 수백 명 계십니다. 저희 서치펌에도 많이 계십니다. 제가 단언코 말씀 드릴 수 있는 사실은 서치펌 대표 중에 1억 이상을 벌어 가는 숫자는 서치펌 소속의 헤드헌터로서 1억 이상을 벌어가는 헤드헌터의 숫자보다 훨씬 적다는 사실입니다.

이 책의 결론입니다.

먼저 본인이 서칭을 잘하는 헤드헌터가 되십시오. 그러면 주변에서 PM들이 내게만 조용히 오더 찾아 달라고 부탁하게 됩니다. 그러면 점진적으로 고객사는 자연스럽게 따라오게 됩니다. 아니면 내가 서칭 잘하는 능력으로 고객사 만들거나 뺏으면 됩니다. 그리고 3년 안에 매출 1억을 달성하십시오. 그리고 나서 수수료 조건이 좋은, 그러나 그보다는 내가 PM 입장이든, co-worker의 입장이든 본인에게 맞는, 내가 헤드헌터로서 매출이 높아질 수 있는 환경의 서치펌을 찾아 자리잡으시면 됩니다.

그리고 끝으로 두 가지만 "지겨울 정도로 또 반복"해서 말씀 드립니다.

양을 이기는 질은 없습니다. 헤드헌터에게는 성실함이 가장 큰 무기입니다.

서칭을 놓는 순간 당신은 헤드헌터가 아닌 브로커의 길로 들어설지도 모릅니다.

**연봉 1억 헤드헌터
그들은 어떻게 일하는가?**